OnMind

im

INNERNET

Spiel Dein Leben!

Herstellung und Verlag:
BoD - Books on Demand, Norderstedt
ISBN: 9783746049007

∞

*Ein **Homo Sapiens** traf einen **Freien Menschen**, und fragte ihn, was der Unterschied zwischen ihnen sei.*

Der Freie Mensch antwortete:

„Ich stehe morgens auf, verrichte meine Morgentoilette, mache mir ein Frühstück, gehe dann meinem Tagewerk nach, genieße es, und gehe abends zufrieden schlafen.

Du hingegen wachst auf, bist in Gedanken schon beim Frühstück noch bevor Du auf dem Klo sitzt, auf der Arbeit während Du gedankenlos dein Brötchen kaust, gehst einkaufen um Milch zu holen, kommst nach Hause zurück und hast die Milch vergessen, weil Du mit Deinen Gedanken permanent entweder in der Vergangenheit oder in der Zukunft bist. Ich bin HIER. Jederzeit. Und Du bist ständig woanders. Jagst irgendwelchen Zielen hinterher und hörst nicht auf Dich, sondern auf andere. Ich bin ICH, und du bist nicht DU. Du bist so viel mehr als DU. Und ich sehe Deine Schönheit, wo Du nach Vollkommenheit strebst und nicht siehst, dass alles, dem du nacheiferst einfach nur Du Selbst bist.“

Der Homo Sapiens schwieg eine Weile.

Dann fragte er:

„Was ist der Unterschied zwischen Himmel und Hölle, und gibt es so etwas überhaupt?“

Der Freie Mensch sah ihn eindringlich an, und fragte:

„Was glaubst du, wer du bist?“

„Ich bin Geschäftsmann, mein Name ist seit drei Generationen aus meiner Gesellschaft nicht mehr weg zu denken, ich besitze Ländereien und Firmen, lebe im Wohlstand und bin dennoch nicht glücklich.“
„Genau genommen bist du ein NICHTS. Ein NIEMAND. Dein Reichtum und vermeintlicher Erfolg wurde dir vererbt, du musstest nie wirklich etwas dafür leisten. Wahrscheinlich kannst du nicht mal irgendetwas handwerkliches, denn einen richtigen Beruf hast du nie erlernt.“
Der Homo Sapiens hörte das gar nicht gern und brauste auf:
„Wie kannst du es wagen! Du weißt gar nichts über mich! Ich brauch nur ein paar Telefonnummern zu wählen und dafür sorgen das dir gewisse Leute das Leben zur Hölle machen! Ich...“
„DU kannst offensichtlich nicht mal DAS allein regeln“, unterbrach ihn der Freie Mensch abrupt, aber mit ruhiger Stimme. „Siehst DU nicht, wie unfähig Du eigentlich bist?“
Der Homo Sapiens sprang auf und rang nach Luft, stolperte auf den Freien Menschen zu und hielt ihm seine Faust unter die Nase.
„Weißt du was das ist??“ fragte er kämpferisch.
„Ja. Sehr gut sogar. DAS ist das Tor zur Hölle!“
Der Homo Sapiens stockte, konnte dem offenen Blick seines Gegenübers nicht ausweichen, blickte auf seine geballte Faust und ließ sie langsam sinken. Er verstand, dass der Freie Mensch ihm nur etwas hatte

zeigen wollen, und er konnte sehen, was es war.
Da war sein Ego, das ihm Schnippchen spielt, und ihn sich verhalten lässt wie ein kleines Kind, das nicht weiß was es tut. Ein Schamgefühl kam in ihm auf, und kleinlaut sagte er:
„Danke für diese Lektion. Ich glaube ich habe verstanden."
„Und DAS," sagte der Freie Mensch, „ist das Tor zum Himmel!"

Dieses Buch hilft dabei, wieder in den Moment zurück zu finden, in dem wir alle gerade sind. Es hilft weiterhin dabei, die Tore zum Himmel und zur Hölle unterscheiden und bewusst durchschreiten zu lernen, sich spielerisch selbst zu finden, und als das zu erkennen was man wirklich ist. Es erinnert Dich an die Macht in Dir, Deine Wahrnehmung komplett selbst zu gestalten. Es enthält keine Weisheiten, die man mit Löffeln fressen könnte, und nichts davon ist wirklich neu.

Doch es kann Dir ein treuer Begleiter in eine für Dich völlig neue Welt sein, die immer schon um Dich herum existiert: DEINE Welt.

Bitte mache Dich darauf gefasst, dass Du nach der Lektüre dieses Buches nicht mehr da rauskommst.

Viel Spaß in DEINEM (neuen) Leben.

„Dein ganzes Leben ist ein Ausdruck
DEINER Überzeugungen
(Sichtweisen, Einstellungen,
deines GLAUBENS)"
- Bruce Lipton -

„Dein GLAUBE hat dich geheilt"
- Jesus v. Nazareth -

„Ich kann nur glauben was ich sehe!"
- Homo Sapiens -

„Du kannst nur sehen was du GLAUBST!"
- Freier Mensch -

**Wahrnehmung folgt
der Wahrgebung.**
- Logik -

Wenn Du in diesem Buch von „Glauben" liest, ist
damit niemals gemeint, was Religionen von Dir
erwarten: etwas für real zu erachten, obwohl Du es
nicht wahrnehmen kannst, sondern um
DEINE GLAUBENSKRAFT.

Was, wenn...

... die Welt, in der Du lebst, für andere nicht
wahrnehmbar ist?

... Du in Deiner EIGENEN Wahrnehmung steckst,
das aber völlig vergessen hast?

... es Gründe dafür gibt, dass andere „die Welt"
ganz anders sehen als Du?

... das wirklich DÜMMSTE was man machen kann
ist, mit anderen ihrer anderen
Sichtweisen wegen zu streiten?

... Du keine Ahnung hast,
was WIRKLICH in Dir passiert?

... auch das seine guten Gründe hat?

... das alles nicht das Geringste mit
Verschwörungstheorien zu tun hat?

... es in Wirklichkeit keine Guten oder Bösen gibt?

... DU und niemand anders
für das verantwortlich sein kann,
was Du wie erlebst, als DU SELSBT?

... DAS das Tollste ist, was Dir in
Deinem Leben passieren kann?

... das Leben und die Realität gar nicht so
REAL sind wie Du immer dachtest?

... Du ein perfektes Wesen hinter einer Matrix bist,
das sich virtuell in dieser Matrix selbst erlebt?

... das Leben ein SPIEL in dieser Matrix ist?

... DU es schon spielst seit du DENKEN kannst.

... Du bereits perfekt in etwas trainiert bist,
das Du in diesem Buch kennen lernen kannst?

Die Grundgedanken

Bleiben wir noch eine kurze Weile im Konjunktiv der letzten Seite. Ein letztes Mal, bevor wir ihn restlos aus unserem Leben streichen, denn eines ist sicher: Das Leben ist KEIN Konjunktiv, auch wenn wir ständig darin zu leben gelernt haben. „Was, wenn ... hätte ... könnte ... sollte ... würde ... dürfte ... wollte ... etc. blabla", jeder kennt das. Das hat alles nichts, aber auch gar nichts mit dem Moment zu tun, in dem Du Dich gerade befindest, und auf den wir uns jetzt gemeinsam hinbewegen. Doch ein allerletztes Mal wollen wir ihn nutzen, quasi zum bewussten Abschied:

Was wäre, wenn die Menschheit als Ganzheitlicher Organismus, der sie ja nun ist, vielleicht sehr unbewusst, dafür gleichermaßen akribisch, in den vergangenen Jahrzehnten durch entsprechend großes Interesse der Allgemeinheit dafür gesorgt hat, dass wir etwas vor unsere Nasen bekommen, das uns ERINNERT, was das Universum (besser: der materielle Kosmos) IST, in dem wir leben?
Diese Frage brauchst du erstmal weder verstehen noch beantworten können, behalte sie einfach ein wenig im Hinterkopf. In kurz:

Was wäre, wenn wir in einer virtuellen Welt leben, und das auch völlig OK so ist?

Und damit verabschieden wir uns vom Konjunktiv und kommen wieder ins „reale" Leben zurück.

Das wesentliche, was man über Realität lernen kann ist, dass sie **relativ** ist:
Jeder nimmt sie auf seine Weise anders wahr.
Jeder hat seine völlig individuell EIGENE.
Jeder hat eigene Werte, Vorstellungen, Wünsche...
Jeder fühlt sich bedroht oder unwohl, wenn seine Realität infrage gestellt wird.
Jeder ändert permanent seine Sichtweisen.

Trotzdem denkt fast Jeder, dass es irgendwelche Leute gibt, die die Welt so sehen wie man selbst. Was sehr dadurch begünstigt wird, dass unsere Aufmerksamkeit allem gilt, das uns in unserer Wahrnehmung bestätigt. Und allem Anderen nicht. Wir sind quasi BLIND für alles außerhalb unserer Wahrnehmung, und man mag nicht glauben, was es jenseits dieses Horizonts noch alles zu entdecken gibt! Doch an dieser Blindheit kann man effektiv etwas tun, und Du hast offensichtlich bereits damit begonnen, denn Du kannst diese Zeilen nur lesen, weil sie zu dem gehören, was Dich in Deiner Wahrnehmung bestätigt. Dein Interesse heilt Dich.

Eines kannst Du gleich zu Anfang akzeptieren:

NIEMAND sieht die Welt so wie DU. NIE-MALS!

Stattdessen...

präsentiert sich die „Realität", so real sie auch scheinen mag, eben JEDEM EINZELNEN von uns völlig anders, und das sehr offensichtlich.

Und zwar ähnlich einer LAN-Party oder einem Online-Spiel: Auf JEDEM EINZELNEN Monitor wird angezeigt, was der jeweilige Spieler sehen MUSS. Niemand kann SEIN SPIEL spielen, wenn er ständig den Film anderer vor Augen hat.

In den letzten Jahrzehnten hat die Menschheit offensichtlich alles Nötige getan („alle nötigen Knöpfe zum richtigen Zeitpunkt gedrückt"), um Bildschirme vor sich zu manifestieren. Dabei ist Jeder von uns seinem Interesse hinterher gelaufen. Von den Ersten, die sich überhaupt mit der Materie „Computer" beschäftigt haben, bis hin zu den letzten Usern, die erst heute dazu kommen (werden ja immer Neue geboren und lernen, Daten auf Monitoren zu verwalten und nutzen). Und DU mittendrin. Und das ist großartig.

Man kann über Computer und ihre virtuellen Welten sagen was man will, aber diese virtuellen Welten weisen nicht ganz grundlos eine nahezu verblüffende Ähnlichkeit mit dem auf, was wir bisher als „Realität" zu deuten gelernt haben...

Aus einer gewissen Perspektive sieht es so aus, als seien die Computer gerade dabei, uns - oder besser: unser Bewusstsein - regelrecht aufzufressen. Sobald es irgendwann eine Möglichkeit gibt, in den Monitor hineinzusteigen, wird sie ohne zu zögern genutzt. Nicht? Doch.. NA KLAR!! Wieso auch nicht?

Aus einer anderen Perspektive sieht man allerdings, wie wir uns - und unsere Wahrnehmung - über den Computer ausdr(u/ü)cken.
Sei es über Hardware oder Software.
In jeder nur erdenklichen Möglichkeit, das gerade zu interpretieren. Jede davon ist gegeben.
Das hilft uns in der Tat jeden einzelnen Tag dabei, meist noch eher unbewusst UNSERE WELT, unsere ur-eigenste Wahrnehmung völlig REAL werden zu lassen. Was sie IN SICH auch ist. Doch lass fürs Erste einfach mal sacken, dass sie das auch NUR in sich ist. Überall um sie herum ist sie ein Hirngespinst, eine Illusion. Was Du oft sehen kannst, wenn Menschen um Dich herum nicht wissen wovon Du redest, wenn Du gerade von etwas erzählst. Sie KÖNNEN nur IHRE Wahrnehmung real erleben, niemandes andere, und auch nicht Deine. Deine Welt ist DEINE ganz EIGENE. Und Du erfährst noch, warum und wofür das nicht einfach nur GUT ist, sondern GROSSARTIG, unbeschreiblich, jenseits Deiner bisher sehr klein gehaltenen Vorstellungskraft und einfach GEIL!

Wenn man genau hinschaut, SPIEGELN die virtuellen Computer-Welten „unsere" Welt. Wir können keine Landschaft am Rechner generieren, die wir uns nicht vorstellen können. Wenn Du es nicht glaubst, probiere es einfach mal aus. Irgendwas glauben sollst Du nicht. ÜBERZEUGE Dich SELBST!

Da sich also beides SPIEGELT, und zwar jeweils so gut wir das gerade auch nur hinbekommen - und das wird immer besser, darf man sehr getrost auch ruhig mal BEIDE Seiten gleichwertig ansehen. Wenn Virtualität Realität spielgelt, dann auch UMGEKEHRT!
Dafür guckt man doch in den Spiegel:
Damit man SIEHT, wo man sich kämmen oder schminken muss. Dafür ist ein Spiegel DA.

In diesem Buch lernst du einen Spiegel kennen, der IMMER da ist, dessen Rand nur eben bisher als „Äußerer Rand meines Blickfeldes" kanntest, und der Dir nicht nur ein BILD über dich schickt, sondern auch ein Geräusch, ein Gefühl, einen Geschmack oder einen Geruch. Beziehungsweise alle davon. Und zwar rund um die Uhr. Und DIESEN Spiegel kannst Du eigentlich gar nicht mehr kennen lernen. Weil Du ihn längst bestens kennst. Du hast ihn lediglich VERGESSEN.. und ganz langsam beginnt jetzt Dein Unterbewusstsein, das DU SELBST bist, Dich daran zu erinnern. Deswegen liest Du das hier. Gut gemacht.

12

Eine weitere Analogie/Vergleich zu etwas IN uns allen ist das Internet. Es verbindet jeden Einzelnen von uns mit jedem Einzelnen anderen von uns. Weltweit. Potentiell zumindest. Natürlich gibt's da gewisse Einschränkungen, die eigentlich nicht sein müssen. Zensur, unbezahlte Internetrechnungen, Internetverbot von den Eltern oder andern Autoritäten im privaten, gesellschaftlichen oder Arbeitsleben.

Das, was es spiegelt, ist das, was OnMind-Gamer als das INNERNET bezeichnen. Über dieses funktioniert alles was mit Telepathie oder Gedankenübertragung, Hellsichtig-, -fühlig-, -hörigkeit, Telekinese, Intuition, Channeling, Magie, Chi und so weiter zu tun hat.

Du kannst nicht lernen, es zu nutzen, weil Du das schon ewig in Perfektion tust, aber Du kannst anfangen, es wieder absolut bewusst zu steuern. Um damit anzufangen, erinnere Dich einfach an die letzten drei Situationen in Deinem Leben, in denen Du so etwas hattest wie:

„Ich hab gerade noch an Dich gedacht, und dann klingelt das Telefon und DU bist am anderen Ende!"
Oder:
Du fühlst Dich beobachtet, drehst Dich um und schaust im nächsten Moment jemandem direkt in die Augen.
Kennt jeder, oder?

Das hat gute Gründe.

Das INNERNET gibt uns die Möglichkeit, miteinander zu interagieren. Interaktivität. Kennen wir seit? Computer uns daran erinnert haben. Immer noch denken die meisten unter uns gerade eher an Computer, wenn dieses Wort fällt, als dass es eine der größten Selbstverständlichkeiten ist, die wir uns tagtäglich zunutze machen. Das Leben ist mitunter sehr langweilig und einsam, wenn wir nicht interagieren können. Online wie offline.

Geübte Gamer interagieren OnMind wie online. Und ein geübter Gamer ist, wer geübt ist. Online wie OnMind. Bist DU ein geübter Online-Gamer (Internet-Nutzer, Computer-User), dann bist Du bereits ein geübter OnMind-Gamer (INNERNET-User, KOPFKONSOLE-User.)

Und da war es auch schon, das Wort, das Dich in völlig neue Welten tragen kann, sobald DU Dich darauf einlässt: KOPFKONSOLE.

Erinnere Dich:

Du hast mal angefangen zu spielen (LEBEN!), und bist dabei DEINEM Interesse gefolgt... und hast als Kind begonnen, Deinen KOPF zu nutzen. Das hat alles erst richtig interessant gemacht, aber wenn man den nicht bewusst nutzt, (er)lebt man schnell in völliger Vergessenheit (geistiger Umnachtung) das Leben (Spiel) anderer.

Und das macht auf einem Computer NIEMAND!

Wenn Du einen Computer oder eine gängige 3D-Spielkonsole nutzt, dann machst Du das wie DU das willst. Du nutzt jede Gelegenheit, Dich im Rahmen der jeweils gegebenen Möglichkeiten auszutoben! Da bist Du FREI, und kannst Dein eigener HELD sein. Und egal was Du auf Deinem 3d-Bildschirm beobachtest, es hat in diesem Moment deine volle Aufmerksamkeit auf sich ruhen. Du bist VOLL KONZENTRIERT. Tippst in schlafwandlerischer Sicherheit auf irgendwelchen Knöpfen oder Flächen herum, die wie MAGSICH vor Deinem Auge entstehen lassen, was Du sehen willst. Ob Du dabei gerade einem anderen Menschen eine Nachricht ins Whatsapp tippst, oder dem Protagonisten (in den wirklich MEISTEN Spielen eben ein HELD, seltenst ein Loser, so ein Spiel würde keiner kaufen) eines Spiels durch ein nach links Bewegen des Joysticks auf deinem xBox-Controller zu verstehen gibst, dass er sich nach links bewegen soll. Du bist absolut AUFMERKSAM. Teilweise dermaßen gefesselt, dass man Dich anstupsen muss (real, nicht bei Facebook), um Dich da raus zu holen, weil das Rufen Deines Namens zwecklos war. Der Jenige, der gerade Deine Aufmerksamkeit auf SICH lenken möchte oder etwas, das er SELBST interessant findet, sieht das zwar anders, und eventuell bezeichnet er Dich sogar als „abgelenkt", aber bei dem was DU gerade tust, weil DU es tun WILLST, bist Du mit 101% dabei.

Ob Du nun ein Digitales Spiel spielst, in irgendwelchen Netzwerken Kontakte pflegst, oder an einem Buch schreibst, achte einmal auf Deinen Cursor (Mauszeiger) bzw. Dein Fadenkreuz. Wohin es wandert, während Du es steuerst. Wohin DU es lenkst. Dieses Fadenkreuz ist ein Synonym für den Mittelpunkt Deines Momentanen Interesses. Natürlich weicht Dein physischer Fokus zwischendurch ein wenig ab, weil Du ja auch nicht immer NUR auf die Mitte des Bildes starrst, vielleicht, weil Du gerade einen Text liest, zu dem Dein Fadenkreuz Dich begleitet hat, aber er ist immer da. Als ständiger Zeuge Deines Interesses.

Noch etwas ist sehr wesentlich, vor allem sehr in Computer-Spielen: Das INVENTAR. Später mehr dazu, aber hier sei kurz angemerkt, dass man es in der Regel nutzt, indem man es aufruft, und sich ein Bild davon macht, was gerade VERFÜGBAR ist. Stehen wir in unserem Leben jedoch vor unserem Inventar, kann man uns sehr viel Zeit damit verbringen sehen, uns darüber aufzuregen, was NICHT Verfügbar ist. Im Spiel akzeptiert man das, weiß, dass das nicht Verfügbare „freigeschaltet" werden kann und macht das dann. Spielend.

Deswegen gibt es so wenige Helden. Weil wir gelernt haben, uns auf den Mangel zu fokussieren, Missstände, Schuldige, schlechte Nachrichten, Negativität und andere nicht sehr erbauliche Dinge. Und zwar von allen um uns herum. Und zwar so, dass man uns komisch angesehen hat, bis wir unseren Fokus auch darauf geeicht hatten. Das kann einem so richtig das Spiel –äh, Leben versauen!

Das bedeutet allerdings in keiner Weise, dass man das weiterhin so machen muss. In der Folge geht es um alternative Ziele für den eigenen Fokus, denn durch ein „Lass das.." hat noch niemand gelernt, etwas richtig zu machen. Irgendwas muss man schließlich machen, nicht wahr? Nicht wirklich, aber das gehört zu den etwas anspruchsvolleren Praktiken des OnMind-Gamings, das RUHE erfordert, und mit dem „beim Wuseln beobachten" simulierter Stadtbewohner oder Ähnlichem in Computer-Spielen vergleichbar ist. In diese Beobachter-Perspektive muss der Ein oder Andere aber erst noch wieder bewusst zu wechseln wissen, also gemach. Das hier ist kein Wettrennen. Zumindest nicht, wenn DU keins für Dich daraus machst. Im Ganzen ist es einfach dienlich, sich über solche Dinge einfach mal ein paar Gedanken zu machen. Dinge wie

Gesundes Brainfood
-Denkanstöße, die Dir GUT TUN!

Leider kann man Computer und Online-Vernetzung sehr gut nutzen, um all das zu Verbreiten, das uns eben immer wieder mit den Nasen auf Mangel, Missstände, Schuldige, schlechte Nachrichten, Negativität und andere nicht sehr erbauliche Dinge stößt.

Es ist so gut wie unmöglich, um diese ganzen Anstöße herum zu kommen, da sie vor allem über die Mainstream-Medien quasi in jeden Winkel der Erde schicken, und das sehr gut geübt.

Doch es ist sehr einfach zu verstehen, wie man sie nicht konsumiert.

Man löst sein Interesse von ihnen, erklärt sie als unwichtig fürs eigene Spiel, nimmt sie als gegeben hin, und sortiert sie zu den Dingen, die man eh gerade nicht ändern kann (was man dann oft schon sehr kurz darauf kann, weil man wieder die Hände und den Kopf frei hat, dieser Satz ist keine Aufforderung dazu, irgend etwas zu ignorieren. Er ist eine Einladung, ALLES zu wahrzunehmen, und nicht nur den kleinen Teil, den wir zu Gesicht bekommen, und gleich noch zu Gehör, wie wir das den bitte finden sollen. Dazu kommt die Massivität, mit der diese Ablenkung vom (möglichen) eigenen Spiel tagtäglich betrieben wird. Das alles erschwert es unbeschreiblich, das Spiel seines Lebens nach eigenen Vorstellungen zu Leben. Weil man so eben die Vorstellungen anderer übernimmt und – einfach so – zur eigenen REALITÄT werden lässt. Tag für Tag.

Wie umgeht man also den Konsum dieses Hirnfutters, durch das wir uns schon in dem Moment, indem wir es konsumieren, unwohl und schlecht fühlen?

Die Antwort ist Denkbar einfach:

Glotze aus! Zeitungs-Abos kündigen (auch die, die Frauen vermitteln, sie seien zu fett, egal wie viele tolle Promi-Fotos bunt dazwischen glänzen!)! Radio aus!

Stattdessen...

Lies Bücher, die Dich interessieren, schau auf Deinem Fernseher Filme, die Du JETZT sehen willst, schieb eine CD mit Deiner Lieblingsmusik in Dein Radio. Du musst nicht die Hardware aus Deinem Leben verbannen.

Du brauchst einfach nur das Programm zu ändern.

Und dabei achtest Du einfach darauf, dass Du Dich mit Dingen beschäftigst, die Dich begeistern, beflügeln und weiterbringen, die konstruktiv und erfüllend sind. Folge hierbei getrost Deinem Gefühl, es trügt Dich nie, weil es DIR entspringt (anders als Emotionen, die erlernte Reaktionen sind, und Gefühle hervorrufen, die dann sehr unangenehm auf den Magen schlagen können).

So lernst du sehr schnell, einfach wieder Deiner Wahrnehmung zu trauen, und DIESE als REAL zu erleben, und nicht irgend etwas, das man Dir erzählt hat, oder andere auch gerade glauben können.

Übung für Einsteiger

Wohl JEDER weiß, WIE man das Programm ändert: Am Fernseher oder Radio durch Drücken eines Knopfes auf der Fernbedienung oder am Gerät.
Im Internet durch Aufrufen einer anderen Seite.
In der Zeitung durch Umblättern.
Im Leben durch „Sich etwas Anderem zuwenden!"
Bitte leg kurz das Buch beiseite und wende Dich etwas Anderem zu, nur um sicher zu gehen, und selbst zu überprüfen, dass Du das kannst. Wenn Du möchtest, zappe ein wenig durch die Gegend und lass Deinen Fokus danach wieder hier her zurückwandern. Deinen Fokus kannst Du Dir während dieser Übung gleich auch genauer anschauen, vielleicht kannst Du ihn auch SEHEN. Wenn Du ein geübter Computer-Spieler/Nutzer bist, stellst Du ihn Dir einfach wie Dein bevorzugtes Fadenkreuz oder Deinen Mauszeiger vor, und wie er da in der Mitte Deiner Aufmerksamkeit, im absoluten Zentrum Deines Blickfeldes ruht. Wie auf Deinem Bildschirm. Sollte nicht schwer fallen. Und schon bist du raus aus der Theorie, und drin in der Praxis...

Eine weitere Analogie zu etwas in unserem Inneren sind DATEN. So gut wie jeder Mensch, der heute ein Telefon halten oder einen Laptop hochklappen kann, ist in der Lage mit Dateien, also Datenbündeln umzugehen. Wir können sie erstellen, kopieren, löschen, starten, versenden, sortieren, bearbeiten, wiederfinden, abspeichern, in den Untiefen irgend welcher Ordner verlieren und so weiter.

Analog zu diesen Dateien können wir etwas über das Innernet und auf der Kopfkonsole gleichermaßen bedienen: Unsere **Gedanken** und **Gefühle**!

Und da ist auch gleich ein weiterer großer Unterschied im Umgang zwischen Dateien und Gedanken/Gefühlen deutlich sichtbar.

Wir tun es noch nicht bewusst, aber wir können mit unseren Gedanken und Gefühlen genau SO bewusst umgehen, wie wir das alle so lange Jahre schon am Computer gelernt haben. Und eben sehr gut darin trainiert sind. Aber vielleicht fangen wir ja genau hier damit an. Schwer ist es nun wirklich nicht, genau genommen macht es richtig Spaß.

Um eines an dieser Stelle ausdrücklich zu erwähnen: An keiner Stelle dieses Buches wird gemeint, dass wir in einem Computerspiel gefangen sind. Alles stützt sich auf der Erkenntnis, dass es auch Computer nicht grundlos gibt, genau so wenig wie Computerspiele, sondern dass wir diese Technik als ein erklärendes MODELL vor unsere Augen geschaffen haben, das uns erinnert, in was wir leben. Nämlich in einer virtuellen Welt, die von jedem Einzelnen von uns relativ und völlig einzigartig wahrgenommen wird.

Das Leben ist WIE ein Computerspiel, umgekehrt haben wir uns unsere Computerwelten ja auch dem Leben nachempfunden. Es ist mehr als einfach lohnenswert, sich diese Analogie genauer anzusehen. Sehr schnell werden gewisse Gemeinsamkeiten sichtbar. Zu schnell, als das irgendein noch so verklärter Verstand das vor sich selbst noch glaubhaft als bedeutungslosen Zufall abtun könnte. Es versetzt einen regelrecht ins STAUNEN, wenn man sieht, was man schon ewig vor der Nase hatte, es aber nicht sehen KONNTE, weil man es eben völlig ausgeblendet hat. Indem man sich so lange mit anderen Dingen beschäftigt hat, dass man es völlig vergessen hat. Bis man sich erinnert, kann man sich von anderen erzählen lassen, wie es ist, aber WISSEN wie es ist, kann man eben immer erst, wenn man es selbst (wieder) erlebt und gesehen hat. Und VERSTANDEN hat. Den VERSTAND neu programmiert hat. Denn der ist beim Erleben des Ganzen ein sehr effektives Werkzeug, das IMMER so funktioniert, wie man es ihm sagt. Nicht wie man es WILL (wie bei Computern übrigens). Weiß man sich nicht recht auszudrücken, weil man gar nicht genau weiß was man will, macht der Verstand das, was er versteht und das, so gut er kann.. Und immer weiter, bis er neue klare

Anweisungen bekommt. Und das ist das Problem der meisten OnMind-Spieler: Da sie selbst gerade vergessen haben, dass sie OnMind spielen, halten sie alle Situationen, Mitspieler und Gegenstände für völlig real und lassen sich von dieser Realität – besser: ihrem Äusseren, das was sie auf ihrem Bildschirm sehen – in der Programmierung ihres Verstandes/Geistes nachhaltig beeinflussen. Und programmieren dadurch den eigenen Geist nach vorgaben anderer. Wodurch der eigene Geist eben nicht frei ist. Und wenn der Geist zu widersprüchlich programmiert ist, ist LEIDEN vorprogrammiert. Und wenn man das dann dummerweise AUCH noch für real hält (und das ist leider nichts, wo man von einem „Einzelfall" reden könnte), dann ist es schon verdammt schwer, da wieder raus zu kommen.

Deswegen liest Du gerade diese Zeilen. Weil Du dabei bist, Lösungen zu downloaden. Erinnerst Du Dich, wie DU SELBST Deinem Interesse bis in diesen Satz gefolgt bist, und gerade in Echtzeit weiter folgst, bis hin zu diesem WORT? Und Du liest immer noch. Und immer noch. Und immer noch.
Gut. Machen wir weiter... Und vertiefen uns ein wenig weiter in die Materie. Die dadurch auf einmal gar nicht mehr so fest erscheint. Lass sie flexibel werden, diese Materie, denn hier geht es um mehr als etwas, das man anfassen könnte.

Dein Geist befreit sich, merkst Du es? Er ist offen und interessiert. Er ist gerade nicht damit beschäftigt zu widersprechen oder auszuflippen. Er hat auch gar keinen Grund dazu. Er wird hier nicht infrage gestellt. Er steht gerade als wertvolles Werkzeug im Mittelpunkt, und er darf ruhig auch ein wenig stolz darauf sein. Das ist genau genommen sogar ganz gut so, denn anders wird er keinen Zugang zum Humor dessen finden, was folgt. Und mit Humor (und Begeisterung) lernt man nun mal am schnellsten weiter.

Lernen kannst Du hier, Dich zu erinnern, wer genau Du in Deinem Spiel bist, was für in Spiel es ist, was für Rollen Du darin spielst, und warum überhaupt.

Da Du noch immer liest, kannst Du sofort loslegen. Du brauchst nichts weiter als Deinen Kopf. Stell Dir vor, Du fährst ihn hoch wie eine Spielkonsole. Das Spiel lädt, startet, das Logo wird gezeigt und Du liest gerade genau das hier. Du nimmst noch einmal die Hülle des Spiels in die Hand und studierst die Rückseite:

Einleitung einer völlig neuen Spielgeneration. Mitten drin, statt nur dabei!

Super-WOW-leckmichamarschisdasgeil-Grafik, Dolby Surround LIVE, full-emotion!Technologie, sniffthis!!-geruchstechnik, touch-feel-sensor, incl. mitgeliefertem USB- Zungenstück für echtes Geschmackserlebnis!

„Lauf durch eine völlig reale Welt und übernimm die Kontrolle über jede Bewegung! Abermilliarden Mitspieler, unzählige Landschaften, Fahrzeuge, Häuser, und das beste Bami Goreng beim Chinesen um die Ecke! Führe ein Leben, so wie Du es tun würdest.“

Achtung: „Spiel erfordert den Mut, seine eigenen Entscheidungen zu treffen und nach ihnen zu handeln!“

Wenn Du Konsolen-Zocker bist, X-Box oder Playstation gewohnt bist, aber Dir jetzt noch nicht groß was darunter vorstellen kannst, was die hier vorgestellte Konsole drauf hat, mach doch mal kurz die Augen zu, dann mach sie wieder auf, und dann guck Dir mal die Grafik an! Analoges Bild! Reinzoomen bis zum Geht-nicht-mehr, nix mit Pixeln oder Ruckeln! Und dann hör mal um Dich herum, zieh Dir den

Sound rein! Und teste mal die anderen Sinne... Du bist mitten drin statt nur dabei. Dabei bist Du aber eben AUCH, wenn Du es Dir auf diese Weise bewusstmachst. 3D und 5D, das können die herkömmlich auf dem Markt vertriebenen Konsolen nicht. Aber Dein Kopf kann es. Und das Obercoole ist: Da Du sie gerade schon nutzt, behalte sie, sie kostet keinen Cent. Das Universum schenkt sie Dir! Und sie ist wahrhaft ein Geschenk Gottes! Das Ding ist MEHR als Gold wert! Verkaufen kannst Du sie allerdings auch nicht. Es würde keinem was nutzen, denn jeder kann nur eine Konsole gleich- zeitig bedienen, und da bereits jeder Aspekt Gottes mit einer entsprechenden Wahrnehmungskugel aus- gerüstet ist, ist Deine Konsole an sich für jeden Anderen wertlos. Aber Obacht! Es ist nicht nur durchaus möglich, sondern durch die Vernetzung unvermeidlich, dass andere Aspekte Gottes sich in Deine Wahrnehmungskugel einklinken können, also in Deiner Wahrnehmung auftauchen und sie dadurch verändern! Achte darauf, dass sie sich benehmen, und halte sie sauber. Das verhilft Dir zu einem klaren Verstand.

Es wird Zeit, Dir die Peripherie genauer vorzustellen. Dazu stehen genau genommen verschiedene Modelle zur Verfügung. Wichtig für Dich ist allerdings nur, dass Du Dir unter EINEM etwas vorstellen kannst. Der Einfachheit halber schauen wir uns zuerst einmal ein etwas Komplexeres an, nur um tiefe in die Materie einzusteigen, und dann ein leichteres, das Du dann auf jeden Fall greifen kannst.

Schau dazu einmal vor Dich, ungefähr 1,50m vor Dir ist eine Wand, die Du nicht sehen kannst. Sie ist weit genug entfernt, um gar nicht erst versuchen zu müssen, sie berühren zu wollen, denn das geht nicht. Diese Wand ist eine Kugel, die 360 Grad um Dich herumgeht. Diese Kugel ist Dein Steuermodul, dazu gleich mehr.

Um diese erste Kugel herum, ungefähr im Durchmesser von fünf Metern, ist eine weitere Kugel zu finden. Diese ist die Sinneskugel. Auf ihr wird projiziert, was Deine Sinne wahrnehmen. Sie ist auch die Schnittstelle der Intuition, dem Input von außen, das Du aber aus Dir selbst heraus durch das Bedienen der ersten Kugel steuerst. Achte beim Vorstellen darauf, dass Du nicht mit Deinem Körper in dieser

Bewusstseinskugel sitzt, sondern mit Deinem Bewusstsein, und zwar genau an der Stelle der Archivierung Deiner Erlebnisse. Hier entstehen die Vorstellungen von Raum und Zeit. Schau Deine Hand an und mach Dir klar, dass sie eine Projektion auf der Innenseite der äußeren Kugel ist. Sie ist ca. zweieinhalb Meter weg von Dir! Lass den Blick von der Hand auf etwas Anderes gleiten und schau dir die Perfektion dieser Simulation an. Erlaube Dir dabei gern, in gebührendem Maße darüber zu staunen! Dein Verstand dürfte inzwischen in der Lage sein, zu verstehen, dass es eine Simulation ist, und an diesen Punkt will jeder, der gerade mit Aufwachen beschäftigt ist.

Zwischen der inneren und der äußeren Kugel ist ein Feld, in dem sich Raum und Zeit ZEIGEN. Durch dieses Feld gehen die Informationen die Du ausstrahlst, sorgen dafür, dass alles Nötige getan wird, um das entsprechende Ergebnis auf der äußeren Wand wahrnehmbar werden zu lassen. Die Zeit, die sie dafür brauchen ist immer relativ, das heißt, so lange wie Du selbst sie wahr nimmst. Das tust Du wie gesagt im Innersten, sprich am Punkt der Archivierung Deiner Erlebnisse.

Je bewusster Du wirst, desto geringer wird der Abstand zwischen den Kugeln, wodurch letztlich bewirkt wird, dass die Zeit schneller zu vergehen scheint, die es braucht, um den Ursachen, die du über Deinen Kontroller eingibst, eine Wirkung folgen zu lassen. Die Wirkung selbst setzt natürlich sofort ein, wahr nehmen kannst Du sie aber erst, wenn die Information, die sie ist, auf der äußeren Kugel ankommt, und sich zeigt. Denk dran: dieser "Bildschirm" zeigt nicht nur Bild, sondern auf ihm nimmst Du Geschmack, Geruch, Geräusche, und Gefühle wahr! Selbst Deine Gedanken nimmst Du auf dieser Wand wahr, sie ist also nicht nur das was du physisch SIEHST!

Deswegen findet gerade in den Wahrnehmungskugeln der Erdlinge etwas statt, was nach jedem Kollektivtraum in der Dualität passiert, aber dennoch etwas unbeschreiblich Erlebenswertes ist, und Schönes! Die Kugeln kommen auf so gut wie die gleiche Größe, wodurch kaum noch Zeit vergeht zwischen dem was wir denken und fühlen, und dadurch wahrnehmbar machen. Ab hier kann man sich das ganze wahrscheinlich besser als ein Holodeck vorstellen, in dem wie im Traum alles was wir wahrnehmen wollen, SOFORT wahrnehmbar wird. In unseren Träumen ist das de facto auch so, dass alles gleich wahrnehmbar wird, das Problem ist, wenn man vergessen hat, dass die Realität auch nur ein Traum ist. Aber das dürfte dem geneigten Leser bis hier eigentlich klar geworden sein.

Kommen wir zu den Sinnen. Fünf davon dienen der Erfahrung von Erlebnissen, und einer dient der Steuerung.

Der sechste, bzw. erste Sinn ist die Fähigkeit, *Deiner Wahrnehmung zu trauen*. Und genau der ist unter Erdlingen und anderen Wesen in der Dualität leider sehr schlecht trainiert. Die meisten sind es gewohnt, dem zu trauen was Ihre Augen wahrnehmen, darauf sind sie ja auch trainiert. Nennen Wir sie hier deswegen der Einfachheit halber einfach „die *Vorstellungskraft*", das dürfte geläufiger sein, ist aber im Prinzip das Gleiche. Meist genauso schlecht trainiert, aber das Wort ist gebräuchlicher und greifbarer.

Über die Vorstellungskraft gehen also die Befehle durch die Innere Kugel ins Feld, und die

Auswirkungen werden auf der äußeren Kugel durch die anderen fünf Sinne wahrnehmbar. Mehr brauchen wir über den technischen Kram eigentlich nicht zu wissen, um einen Föhn zu gebrauchen oder einen Computer, braucht man weder zu wissen, wie Elektrizität funktioniert, noch wie der Föhn oder Computer - man muss nur wissen, wie man die Geräte bedient! Ist wie mit den Playstations und X-Boxen, da fragt auch keiner nach, wie sie funktionieren, sondern sobald man begriffen hat, welches Kabel in welchen Anschluss gehört, und welche Knöpfe man wann drücken muss, kann man los spielen.

Kannst Du so weit folgen? Wenn nicht, mach kurz eine kleine ***Übung***:

Setz Dich vor Deinen Computer- oder Handymonitor. Schau ihn an, mit dem was er zeigt, ihn als solchen und nimm ihn einfach kurz bewusst wahr (so wie „ja, ok, DAS ist mein Monitor). Dann lass langsam Deinen Fokus von dem Monitor über seine Ränder hinaus auf etwas anderes Gleiten, und nimm dabei genau so bewusst wahr, dass das was Du siehst auch auf einem Monitor zu sehen ist. DAS ist DEIN Monitor. Du stehst seit Ewigkeiten vor ihm und hältst alles, was Du darauf siehst, für völlig real. Dein Fokus ist IMMER in der MITTE, und das entsprechende Bild schiebt sich entsprechend Deiner Befehle, Dich selbst zu bewegen, auf diesen Monitor. GENAU SO, wie du das bei einem Computer-Bildschirm auch beobachten kannst. Vorzugsweise auf einer LAN-Party, weil da so wunderschön deutlich wird, wie auf jedem Bildschirm ein anderes Bild zu sehen ist.

Merkst du schon etwas? Wie Deine Wahrnehmung gerade beginnt, sich in eine bestimmte Richtung zu ändern? Wenn noch nicht, macht das nichts, Dann bist Du nicht dumm, dann wirken Deine Programme nur sehr stark. Das macht nichts. Bis Du das Buch zu Ende gelesen hast, haben sie kapituliert. Lies einfach weiter. Verständnis kann man nicht erzwingen, es kommt zu einem, wenn man die Türen seines Geistes für offen hält.

Was in der westlichen Gesellschaft aus einem bestimmten Grund ein wenig schwer fällt:

Rechthaberei, Streiterei und Auswendiglernen sind wohl die dümmsten Möglichkeiten, mit Sichtweisen umzugehen. Man wird lernresistent, wenn man sich diesen Möglichkeiten dann auch noch hingibt, und dazu wird man in dieser westlichen Welt geradezu gezwungen. Wehe, Du hast keine Meinung!

Hier sind wir aber nicht in der westlichen Welt.

Hier sind wir in unserer EIGENEN Welt, und hier können wir als Könige von uns Selbst und Niemand anderem (wertvolle Erkenntnis; der KönICH!) SELBST entscheiden, was wir wann wie mit wem und womit und warum überhaupt machen. Und zwar immer bewusster.

Und dann sind Wir auf einmal wieder Herrscher über unsere Welt, und nicht weiter Opfer äußerer Umstände. Das KANN jemand nämlich nicht mehr sein, der VERSTANDEN hat, dass ALLES was er je erleben kann, ER SELBST ist. Dann bist du ja bestenfalls noch ein Opfer Deiner Selbst, und das bekommt man in der Regel recht schnell geregelt.

Da funken dann auf einmal Stolz und Ehrgefühl peinlich gerührt auf, und denken sich zu Recht: „Geht's noch?"

Und dann ändert sich automatisch schon etwas in der Wahrnehmung. Und ERST dann! Und das beweist, das nur wir selbst unsere Welt ändern können. Andere hätten es schon längst für uns getan, und zwar nicht in unserem Interesse, so wie sie getan haben was sie statt dessen konnten:

Uns von so etwas wie „OnMind-Gaming" nichts wissen zu lassen, unseren Geist vernebeln, damit wir's vergessen und nicht mehr denken wie wir wollen, sondern wie sie es uns seit Generationen zeigen. Aber auch NUR, weil WIR sie das haben tun

LASSEN! WIR haben ihnen die Macht über uns gegeben, tun es immer noch alle vier Jahre symbolisch durch das Wahlspektakel und jeden einzelnen Tag durch unseren GEHORSAM.

Und wer jetzt mit Verschwörungstheorien anfängt, hat nicht verstanden was gerade geschrieben wurde: Man kann NICHTS mit uns machen (vor allem nicht langfristig), das wir nicht mitmachen. Es GEHT nicht! Probiere es gern aus. Mach mit anderen was Du gern möchtest: Wenn keiner mitmacht, tanzt Du ALLEIN! Es ist also keine Verschwörungstheorie, weil es aus dieser Perspektive hier keine Opfer oder Täter gibt, vor allem niemanden, der Opfer eines ANDEREN sein könnte, sondern bestenfalls von sich selbst.

Wir spielen komische Spiele. In diesen Spielen geht es immer wieder darum, anderen zu schaden und auf ihre Kosten zu punkten. Aber das läuft irgendwie nicht. Diese Spiele dauern meist nicht sehr lange und werden in der Regel auch von den Spielern nicht als schön empfunden. Da kommt dann unweigerlich eine Frage auf, die jeder Spieler, der sein Leben gerade nicht GRANDIOS findet, sich stellen sollte: WIESO SPIELE ICH DIESE SPIELE?

Egal wie sehr man seine Feinde und Gegner zu hassen vermag, der größte Gegner ist man immer selbst. Und merkt so nicht, wie sehr man sich durch den Hass auf andere den eigenen Tag versaut.

Und es auf diese Weise eben SELSBT ist, der einem den Tag versaut. Da kann man seinen Hass noch so auf andere projizieren, es hilft nicht. Im Gegenteil, so wird es nur schlimmer. Und zwar so lange, bis man irgendwann damit aufhört.

Was bringt es eine also, zu hassen, irgendwelche MITSpieler als GEGNER zu sehen? Das würde beim Online-Gaming niemand machen! Da laufen zwar Figuren über die Bildschirme, die sich gegenseitig abknallen, aber man SPIELT mit seinen Freunden! Wenn Kinder Räuber und Gendarm spielen, funktioniert das noch genauso. Nach dem Spiel spielt man was Anderes. Als Erwachsene geht man vielleicht auch einen trinken.

Was ist das? *Worin liegt der Unterschied*?
Ganz einfach. In dem MASS, in dem man sich mit seinem „Ego", der Spielfigur im eigenen Spiel, dem Charakter, **I D E N T I F I Z I E R T** !!!
Kinder WISSEN noch, dass sie ihre Rollen spielen, können sie deshalb VÖLLIG REAL spielen, aber bleiben nicht in der Identifikation haften. Das ändert sich kurze Zeit später, wenn sie lernen, die PERSON zu sein, die man mit ihnen in Verbindung bringt, und NUR die. Und leider kaum noch irgend etwas von dem, was sie WIRKLICH sind. Nämlich unsterbliches Bewusstsein vor „einer Spielkonsole".

Und aus dem selben Grund entsteht dann diese riesige Illusion, diese „Täuschung", die so viele ENT-Täuschungen möglich macht, die wir „REALITÄT" nennen. Die eben, wie wir langsam zu verstehen beginnen, gar nicht so real IST!

Langsam dürfte deutlich werden, worum es beim OnMind-Gaming oder Surfen im Innernet geht:

Sich jahrelanges Training im Umgang mit Daten und explizit VIRTUELLEN Welten, in denen ALLES Erdenkliche zu Erleben MÖGLICH ist, zunutze zu Machen, um das eigene Leben wieder bewusst zu lenken.

Es gibt sehr geläufige, aber dennoch sehr ungünstige Sichtweisen zum Umgang irgendwelcher Anderer mit Computern (Konsolen, Handys, etc.. technische Hardware eben, mit allem was gerade gängig ist und dazu gehört). „Die Jugend sitzt nur noch davor, die kennen gar nichts anderes mehr!", „das führt doch alles zu Realitätsverlust!", „Früher haben wir im Wald gespielt..."... Kennt jeder. Hat bisher aber selten mal jemand aus der Perspektive gesehen, die die selben Sätze ganz anders erscheinen lässt. Nämlich positiv..

„Die Jugend sitzt nur noch davor, die kennen gar nichts anderes mehr! Mit was für einer bemerkenswerten Konzentration und Begeisterung

sie das SPIELEN wieder trainieren. Es freut mich zu sehen, wie wenig diese Generation noch für gängiges Sklavenleben geeignet ist!" Oder:
„... das führt doch alles zu Realitätsverlust. Eine Freude zu sehen, wie die künstlich geschaffene Realität, die alle anderen Realitäten als nicht real deklariert, dadurch in sich zusammenfällt!" Oder:
„Früher haben wir im Wald gespielt. Aber wir hatten nicht die Bohne einer Ahnung davon, dass es unendlich viele andere Welten gibt. Wir kannten nur unseren Wald. Heute können wir uns im Internet inspirieren lassen, welche schönen Flecken der Erde wir sehen und erleben möchten, und im selben Internet auch gleich Leute kennen lernen, die da leben und uns herzlich einladen und bei sich haben wollen. Hätten wir das damals im Wald schon gewusst."

Alles eine Frage der Perspektive. Immer. Überall.
Egal was man sieht, man kann es nur so sehen wie man es anschaut. Durch ein Urteil machen WIR SELBST etwas zu dem was es FÜR UNS dann ist. Dadurch ist es in keinster Weise für andere so, und für uns auch nur SO lange, bis wir es eben anders sehen. So wird etwas gut oder schlecht, schön oder hässlich, brauchbar oder störend, oder völlig neutral. Und NUR SO!

Übung:
*Glaube **NICHTS**, was du hier liest, sondern schau es Dir einfach selbst mal gründlich an.*
(Eine kurze Anleitung zu einer Übung, die aber ihre Entsprechende Zeit und DEINE Geduld und Beobachtungsgabe (und nicht dein URTEILS-Vermögen) braucht.)

Das ist übrigens eine Einladung, die Du in gängigen Schulen oder Medienberichten NIE bekommst. All diese Institutionen bewirken, dass Du GLAUBST was sie Dir erzählen, und wenn Du dieses Spiel so richtig mitspielst, nimmst Du was sie Dir erzählen (oder das exakte Gegenteil) sogar als WISSEN an und verbreitest es unter Einsatz Deines Lebens weiter, nennst alle, die anders denken „Spinner" oder „Verschwörungstheoretiker" oder auf der anderen Seite des Spielbretts „Spinner" oder „Schlafschafe".

„Bild Dir Deine Meinung" ist ein netter Spruch, wenn er nicht in der Werbung für ein Werbeblättchen verwendet würde, das Dir somit SEINE Meinung als DEINE verkauft. Und wie viele Leute GLAUBEN, was in der BILD steht? Weil eben der Teil der Einladung mit dem „recherchiere selbst" FEHLT. Ebenso wie in der Schule. Da sagt kein Lehrer: „Also, liebe Schüler, ich erzähl Euch jetzt, was ich gehört oder gelesen habe, aber ich kann Euch nicht versprechen, dass das die einzige Wahrheit ist, wenn's Euch interessiert, forscht selbst nach, und wenn nicht, vergesst es einfach. Aber glaubt mir bitte NICHTS! Oder aber ALLES ANDERE AUCH!"

Man bekommt in der Schule keine guten Noten für die Ergebnisse eigenständigen Denkens. Man bekommt gute Noten, wenn man brav das widergeben kann, was vorgegeben wurde. Und dass solcher Umgang mit unserer Glaubenskraft die selbe sehr einschränkt, dürfte Dir gerade wahrscheinlich auch klar sein. Potentialförderung können sich nur die wenigsten leisten, und die werden kann zu WUNDERKINDERN. Wie JEDER eins sein könnte, der sich frei entfalten darf und dabei unterstützt wird, seinen eigenen Interessen zu folgen und das zu tun, was er LIEBT. BEGEISTERUNG ist der Dünger für unser Gehirn, wie die Hirnforschung herausgefunden hat. Glaub es nicht, schau selber nach... die Namen „Gerald Hüther „ und „Vera F. Birkenbihl" helfen Dir weiter. Lass Dich inspirieren, aber glaube auch ihnen kein Wort.

Wer tut was er soll, spielt das Spiel eines Anderen. Und das ist in den seltensten Fällen sehr genießbar.

Spiel DEIN Spiel. Bewusst. Gekonnt. Jahrelang trainiert. Du kannst nicht mehr damit anfangen, weil Du es immer schon spielst. Doch Du kannst anfangen, wieder ganz bewusst zu spielen, und zwar so wie es DIR beliebt.

Noch dabei? Dann...

Lass
uns
SPIELEN!

Das Hauptmenü

Wenn Du schon jahrelang digitale Spiele spielst, hast Du schon hunderte bis tausende Male einen solchen Bildschirm vor Dir gesehen.

Wenn NICHT, ist das überhaupt kein Problem, denn wahrscheinlich hast Du jemanden in Deinem Umfeld, der Dir gerade weiterhelfen kann. Am besten denkst Du gerade mal an den, über den Du Dich bisher am meisten aufgeregt hast, weil er „NUR" vorm Bildschirm hockt (*oder die natürlich, bitte verzeih, dass ich der Einfachheit halber immer „der" schreibe, ich meine damit MITSPIELER, MENSCH, und der hat im Deutschen nun mal einen maskulinen Artikel, kann aber männlich oder weiblich -oder beide-s sein, ich meine ALLE, und in gebührendem Respekt, Anm. d. Verfassers*)!

Dieser Mensch kann Dir gerade die größte Hilfe sein, und Du hast Gelegenheit heraus zu finden, warum es in diesem Buch heißt, dass (und worin genau) diese Menschen gerade am besten trainiert sind.

Schauen wir uns das Menü der Kopfkonsole ein wenig genauer an. Es ist wie das Menü einer xBox oder Playstation, oder der Desktop Deines Computers oder Handys. Hier findest Du die Liste der Spiele, die Du spielst und deine Charaktere. Richtig gelesen, Deine Charaktere. Mehrzahl. Du hast nämlich mehr als einen. Bisher war es nur nicht sehr einfach, das zu nutzen. Das kommt daher, dass auch

Du bisher viel mehr das Spiel anderer gespielt hast als Dein eigenes, und Teil dieses Spiels war, dass man Dir vermittelt hat, Du seist nur EINE Person, EIN „Char", nämlich der, den Du mit Deinem Namen, auf den Du reagierst, in Verbindung gebracht wird. Lass Dir versichert sein, dass Du viel mehr bist. Doch lass Dich nicht abhalten, SELBST heraus zu finden, was das bedeutet.

Ebenfalls anders als bei herkömmlichen Spielgeräten spielst Du hier nicht EIN Spiel parallel, sondern unendlich viele gleichzeitig. Das ist, wie wenn Du in der Welt von GTA und Age of Empires als der Masterchief, Donkey Kong, Max Payne und Sonic (und ihren von DIR erlernten Skills) GLEICHZEITIG herumlaufen kannst, mit allen Tools aus Minecraft, Black OPs III und Beyond Horizon:Zero Dawn, dabei aber Fluch der Karibik und Pacman spielst. Parallel. Und zwar völlig nach Belieben. Selbst im Spiel Anderer. Und ab hier immer bewusster.

Als Kind konntest Du das noch. Wenn Du es vergessen hast, spiel in der nächsten Zeit nochmal öfter das Spiel von KINDERN um Dich herum mit. Die erinnern Dich sehr schnell wieder daran, wer und was Du alles sein kannst. Und das musst Du in diesem Moment einfach nur mal wieder für voll nehmen. Es genauso REAL erleben wie SIE. Das wirkt WUNDER!

Kinder sind übrigens die perfekte Schnittstelle zwischen dem woher wir kommen (rein materielle Wahrnehmung von „Realität") und dem wohin wir uns gerade bewegen (wieder uneingeschränkt die Realität in ALLEM sehen)! SIE sind gerade die BESTEN LEHRER! SIE leben SO, wie wir das gern wieder würden, und dieses Buch lesen um da hin zu kommen. Mit einem riesigen PLUS: VOLLEM BEWUSSTSEIN und der Wertschätzung über das, was wir damals hatten. Diesen Rohdiamanten, den wir in uns trugen, der uns genommen wurde, bevor wir lernen konnten wie man ihn schleift. Meist mit den Worten „langsam wirst du zu alt für sowas. Du musst jetzt allmählich mal groß und seriös werden" oder Ähnlichem. Jedes Mal, wenn wir dem Folge geleistet haben, haben wir eine Fähigkeit, einen Skill, nicht beachtet und sich entwickeln, sondern ihn aufgegeben und ihn verkommen lassen. Was nicht bedeutet, dass diese Skills nicht noch in uns schlummern würden. Man braucht sie nur wieder zu aktivieren.

Im Hauptmenü finden wir die über allen Spielen und Chars stehenden Grundeinstellungen. Wir haben hier eine Spielauswahl und eine Charauswahl . Wer den Überblick verloren hat, kann ihn sich hier möglichst leicht wieder holen. Ruft man sich diesen Bildschirm auf, snapt man regelrecht aus allen Spielen und Char- (Ego-) Identifikationen heraus.

Übung:
Mach Dein Hauptmenü sichtbar.
Erstelle Dir eine Grafik auf Deinem Rechner oder mach's ganz oldschool mit Stift und Papier, ganz wie es Dir beliebt. Deinem Verstand ist egal, wie Du es machst, er ist auf die Ergebnisse fixiert.
Mach in irgendeiner Weise für Dich verständlich LESBAR, welche Spiele Du spielst und welche Rollen darin. Nimm Dir ruhig ausreichend Zeit dazu, und erweitere und/oder korrigiere diese Liste über eine Weile. Über kurz oder lang brauchst du dann die physischen Tools gar nicht mehr und kannst es dir auf deinem inneren Monitor vorstellen (visualisieren).

Wir sind hier in der Matrix.
Sei einfach EHRLICH ;)

Entspanne Dich dabei, und lass Deinen Gedanken freien Lauf. Jeder davon gehört mit zu Deinem Spiel. Öffne Dich ihnen und beobachte diese Gedanken einfach, dann siehst Du schnell, was wo in Deine Liste gehört. So kommen Die Gedanken aus Deinem Innern, Dein Bauch oder Herz DENKT, nicht dein Kopf. Du zapfst so Dein Unterbewusstsein an, in dem ALLES was Du je bewusst oder unbewusst erlebt hast gespeichert ist. Wie bei einem Computer aber gewisse Daten nur wahrnehmbar macht, wenn sie aufgerufen werden. Sich etwas zu öffnen, das bedeutet im Innernet, etwas abzurufen. Genau so hast Du das immer schon gemacht. Und es klappt perfekt. Also hab keine Angst, dass es nicht funktionieren könnte. Es kann nicht nicht funktionieren. Es kann nur etwas hervorbringen, das du NIE erwartet hättest. Und anders als gewohnt, interessierst Du Dich aber gerade dafür. Das macht einen Wesentlichen Unterschied, also... lass einfach laufen. Also lass Dich nicht verunsichern, wenn Dinge hoch kommen, Die Dir erstmal nicht schmecken. Nichts davon ist schlimm, und alles bringt Klarheit in Dein Leben.

Wenn Du ein paar Einträge in Deiner List hast kannst Du feststellen, dass Du diese auch wieder öffnen kannst.
Bei Spiel-Einträgen öffnet sich ein Untermenü, das Du Dir auch wieder nach belieben sichtbar machen kannst. Es enthält Informationen wie den Namen des Spiels, die Status-Anzeige, eine Liste von Mitspielern (die Du auch wieder öffnen kannst), und eine Spielbeschreibung/Definition/SPIELREGEL.

Hinter dem Namen gibt es zwei Häkchen, die man aktivieren kann:
„**Single-Player Modus**" und
„**TEAM-Player Modus**".
Achte auf diese Einstellung!
Allerhöchstwahrscheinlich ist der Single-Player-Modus noch bei den meisten Spielen aktiviert, wenn

Du das hier das erste Mal liest. Um zu erkennen fühl tief in Dich hinein und sieh ob er leuchtet oder nicht. Wenn Du in der letzten Zeit viel im Gegeneinander warst, Dich von anderen enttäuscht oder verlassen gefühlt hast, Dich von allem getrennt gefühlt hast, dann ist er AKTIV!! Dadurch spielst du jedes dieser Spiele als „Eigenbrötler", was definitiv interessant und lehrreich ist, aber von vielen nur noch gespielt wird, weil sie diese Einstellungsmöglichkeit völlig vergessen haben.

DEAKTIVIERE den Single-Player Modus (stell Dir vor wie du es machst, oder bastel dir einen VERDAMMTEN KNOPF, den Du umlegen kannst, Hauptsache DEIN VERSTAND BEKOMMT ES MIT!! Hau 10 Mal drauf wenn's sein muss, bis Du Dir SICHER bist, dass er DEAKTIVIERT ist! Und behalt ihn im Auge. So lange Du das Spiel noch weiter nach Regeln eines anderen Mitspielst, ist er sofort wieder aktiv! Es kann ein Weilchen dauern, bis er inaktiv bleibt, weil du eben das tust, was ihn deaktiviert hält: Dein Spiel spielen, und zwar im „TEAM-Player Modus"! Den kann man nicht extra aktivieren, der ist automatisch aktiv, wenn der Single-Player Modus deaktiviert ist. Das ist der NORM-Zustand auf der Kopfkonsole.

Mehr brauchst Du erstmal nicht zu tun. Weder verstehen was jetzt den Unterschied ausmacht, noch was er in Dir bewirkt. Spiel einfach weiter, und der Unterschied wird sich Dir zeigen. Und wenn er Dir nicht gefällt, weißt Du ja jetzt, wo Du wieder alles umstellen kannst.

Die Statusanzeige sagt Dir, ob Du dieses Spiel gerade AKTIV spielst oder INAKTIV.

Öffnest Du die Mitspieler-Liste, kannst Du die Mitspieler sehen, die mitspielen. (Es gibt meist sehr viele, die NICHT mitspielen.) Du kannst hier verschiedene Häkchen hinter ihren Namen aktivieren. Und zwar hinter „bewusst", „unbewusst", „freiwillig" und „unfreiwillig". An diesen Häkchen kannst Du unter Anderem erkennen, wem DU bisher DEIN Spiel aufgedrückt hast, der auf diese weise auch nicht einfach sein EIGENES Spiel spielen konnte. Hier kannst Du gleich mal anfangen, aufzuräumen. Es gehört zum Spielen des eigenen Spiels dazu, nein, es ist UNERLÄSSLICH, alle anderen IHR Spiel spielen zu lassen. Ganz einfach, weil es offensichtlich sonst kaum einem Spaß macht, überhaupt zu spielen. Was eine simple Erklärung für jede Selbstmordquote ist. Sowas muss überhaupt nicht sein.

Die Spielregeln definieren das Spiel. Da wir hier Kopfkonsole spielen und langsam dahinterkommen, das WIR so etwas wie EA Games oder Lucas Arts sind - eben nicht nur die Spieler, sondern auch die Spiel-Entwickler, ist für Dich sehr entscheidend, dass Du dieses Feld bewusst ausfüllst. Denn wenn Du das nicht tust, steht da automatisch die Spielregel dessen drin, dessen Spiel Du mitspielst. DARURCH tust Du das. Achte bei jedem Deiner Spiele darauf, dass Du DEINE Regeln definierst. Dann ist egal, mit wem Du welches Spiel spielst: Du spielst BEWUSST!

Spiele im Gegeneinander als Single-Player, und Spiele im Miteinander als Team-Player.

Beispiel:

Spielname: STREIT!! :: („SPM" aktiv - „TPM" inaktiv)
Status: AKTIV
Mitspieler: ICH, Ernie, Susanne, Jupp, Franz-Jupp, ...
Spielregeln: Ich sehe meine Mitspieler als GEGNER. Ich tu was Möglich ist, um mich von ihnen abzugrenzen und mich von allem was sie sagen oder machen persönlich angegriffen und bestenfalls verletzt zu fühlen. Punkte gibt es für jede Verletzung, egal ob bei mir oder bei einem Mitspieler. Erlaubte Tools: Alles, was sich in Wort, Tat und Gedanke als Waffe gegen einen Mitspieler verwenden lässt; Lügen, betrügen, Intrigen, Gewalt. Bonuspunkte gibt es für Ausdauer im Nachtragen und in Unnachgiebigkeit. „Vertragen" gleicht nur temporärem Waffenstillstand und dient Versöhnungssex oder vergleichbaren

Kompensations-Möglichkeiten. Punkte verdoppeln sich mit jedem Mitspieler, der dazugewonnen wird. Haupt-Mission: GEWINNEN, UM JEDEN PREIS!!

**DU programmierst durch Deine Wahrgebung
in Gedanke, Wort und Tat die Matrix so,
wie DU sie dann wahrnimmst.**

Bekommst Du ein vergleichbares Bild wie im Beispiel auf Deinem inneren Monitor, befindest Du Dich gerade offensichtlich MITTEN in einem Streit (Status AKTIV) mit entweder Ernie, Susanne, Jupp, Franz-Jupp oder irgend jemand anderem, und hältst Dich bravourös an die Spielregel. Wahrscheinlich hast Du gerade nicht viel zu lachen, und wenn, dann eher hämisch oder gehässig. Besonders glücklich siehst Du wohl auch eher nicht aus, auch nicht gelassen oder entspannt.

Was nicht groß verwundert. So beliebt das Spiel „STREIT!!" im Wahrnehmungsraum „ERDE" erscheint, so unbeliebt ist es in 99% des restlichen unendlichen Universums. Weil es BLÖD ist. Irrsinnig viel Energie raubt, ausbremst, minimiert, einen übermäßig hohen Suchtfaktor aufweist und jeden nervt, der es aufgezwungen bekommt. Es ist wie eine Droge. Deswegen ist es auch nur an wenigen Fleckchen des Universums überhaupt nur spielbar, nämlich da, wo irgendwelche masochistischen

Seelen Interesse daran zeigen, sich gegenseitig zu zerfleischen. Ist ne interessante Nummer, sollte man mal erlebt haben, aber wenn man aus dem Spiel wieder bewusst raus ist, ist der Bedarf auf Ewigkeiten gedeckt. Man lernt darin nichts, was man außerhalb des Spiels nicht auch über sich lernen kann, und nichts weiter über sich als, wie DUMM man eigentlich sein kann..

Was man auf der Erde nicht mehr so auf dem Schirm hat, ist dass das Spiel auf der REAL UNIVERSAL GAMESCOM als das dümmste Spiel aller Zeiten gekürt wurde. Vor allem mitten im Streit ist das niemandem mehr bewusst. Aber jedem das seine.

Solltest DU dieses Spiel einfach nur mitspielen, weil Du nicht weißt, wie Du bewusst aussteigen kannst, dann lies weiter, erinnere Dich an Deine Möglichkeiten und NUTZE sie.

Übung:
Solltest Du „STREIT!!“ noch mitspielen, rufe den entsprechenden Screen auf (wie gesagt – so, wie Du das am besten kannst.. am Rechner, oder auf Papier, oder mit Lego... oder gleich im Kopf, wenn Du kannst, Hauptsache Du siehst es deutlich).
Der Status ist wahrscheinlich gerade auf INAKTIV, weil Du dieses Buch wohl eher nicht mitten in einem Streit liest.

Die Mitspielerliste dürfte bei Dir auch anders aussehen, aber schau sie Dir mal eine Weile an. Welche Namen poppen auf, wenn Du Dich der Frage öffnest, mit wem Du in der letzten Zeit gestritten hast.

Aber die Spielregeln dürften so ziemlich dem entsprechen, was im Beispiel steht, denn das sind nun mal die Standard-Regeln dieses Spiels. Und in den seltensten Fällen ist sich ein Spieler überhaupt bewusst, dass er diese Regeln IN SICH und FÜR SICH ändern kann. Das ändert nichts an den Spielregeln der Anderen, aber Ich spiele anders als bisher, und das beeinflusst dann auch ihr Spiel. Sie werden schimpfen und fluchen, Dir vorwerfen Du würdest mogeln und pfuschen, und aus einer bestimmten Perspektive gesehen tust Du das auch. Eine andere Perspektive lässt allerdings deutlich sehen, wir blödsinnig der Gedanke ist, weil wir Kopfkonsole zocken, und „cheaten" keine Option ist. Man kann versuchen, Sich selbst was vorzumachen, das wars dann aber auch schon. Das bedeutet nicht, dass Dir jeder jeden Mist glaubt, den Du von Dir gibst. Und Mogeln und Pfuschen? Hey, schon mal die Spielbeschreibung gelesen? Darum geht's doch hier! Also lass Dich nicht beirren. Spiel DEIN Spiel.

Spiel „STREIT!!" nach Möglichkeit gar nicht mehr mit, wenn Du kannst. Wenn Du es nicht vermeiden kannst, dann spiel es ANDERS:

Und genau hier und jetzt fängst Du feierlich und würdevoll damit an, ganz BEWUSST die Matrix zu programmieren. Alles was Du können musst, kannst Du bereits - wie gesagt, Du bist BESTENS trainiert!

Es ist SO einfach:
Markiere den Kompletten Text der Spielregeln und drücke auf Deinen inneren „LÖSCHEN"-Button (den wirst Du noch viel zu gebrauchen und LIEBEN lernen! Hast Du ihn gefunden? Einfach vorstellen, aus FIMO modellieren, oder als Bild auf Dein Handy speichern, dann weißt Du wo Du ihn findest und kannst mit deinem Finger draufdrücken!).
Und jetzt setzt Du eine neue Spielbeschreibung auf, die in etwa so aussieht:

Spielregeln:
Ich weigere mich, meine Mitspieler als Gegner anzusehen. Ich spiele standardregelwidrig im Team Player Modus und lasse mich auf kein Gegeneinander ein. Egal was andere gegen mich verwenden, ich finde den NUTZEN für uns alle darin und konzentriere mich ausschließlich auf ihn. Ich nehme nichts persönlich und trag niemandem etwas nach. Je mehr mich jemand provozieren will, desto weniger interessant finde ich, darauf einzugehen. Punkte gibt es für das Erkennen der LÄCHERLICKEIT des Spiels, und der darin verwendeten Praktiken. Bonuspunkte

gibt es für jedes Lachen und Umarmungen. Erlaubte Tools: Alles, was harmonisiert und Streit unmöglich macht, und meinen Mitspielern die Lust nimmt, „Streit!!" mit mir zu spielen. Punkte verdoppeln sich mit jedem Mitspieler, der aus dem Spiel aussteigt. Haupt-Mission: Streit vermeiden.

Gar nicht so schwer, oder? Spiel mal eine Weile nach den neuen Spielregeln, halte Dich einfach genau so stur an sie, wie an die alten. Das ist einfach nur eine Umgewöhnung. Die dauert maximal drei Wochen.

Genau SO kannst Du mit JEDEM einzelnen Spiel umgehen, über das Du Dir bewusst wirst, dass Du es mitspielst, oder bewusst anfängst zu spielen.
Sei Dir versichert, dass Die Liste länger ist als Du Dir vorstellen kannst. Doch ebenso, dass egal ist wie lang sie ist, wenn Du EINMAL verstanden und Dir angewöhnt hast, was Du gerade das erste Mal bewusst getan hast: Die Matrix programmieren. So, wie DU das möchtest.

Übrigens kannst Du Dir unter Umständen noch einen ganzen Haufen weitere Einstellungsmöglichkeiten vorstellen. Tob Dich aus, aber achte darauf, alles möglichst überschaubar für Dich zu halten. Geht nich? Stelle sicher, dass in Deiner Spiele-Liste kein Spiel zu finden ist, das „Wie verkompliziere ich unnötig mein Leben?!" heißt und AKTIV ist!

Vielleicht brodelt da gerade was in Dir und Du bist nur noch hier und liest weiter, weil Du nicht weißt, was Du sonst tun möchtest. Etwas in Dir will nichts von der Sinnlosigkeit von Streit wissen. „Streit ist GUT!" schreit es, „du bist wohl auch einer von denen, die jedem Streit aus dem Weg gehen, was? Wer nicht streitet, mit dem kann was nicht stimmen! Wir sammeln Erfahrungen und so!! Streit ist WICHTIG!"

Ja ja.. (heisst.. „L...")
Das, was da in Dir schreit, ist eine Programmierung, die nicht nur zum Spiel „Streit!!" gehört. Sondern es ist Deine IDENTIFIKATION mit Deiner bisher gespielten Rolle. Eine GEWOHNHEIT:
Dein Ego-Charakter ist eine bestimmte Denkweise gewohnt, die durch eine anderslautende Aussage angegriffen werden kann. Dein Ego ist mit seiner Rolle so verbunden (in Identifikation), dass es gerade „Ungemach" fühlt, weil Du eben etwas gelesen hast, das nicht in Dein gängiges Denk-Konzept passt. Nichts weiter. Das ist weder schlimm, noch unbrauchbar. Es zeigt Dir gerade einfach nur, wie es in Dir arbeitet. Schau es Dir an und erkenne es. So wirst Du es los, und lernst, gelassen zu bleiben, egal was Du hörst oder siehst.

Was den Streit angeht: Es geht nicht darum, ihm aus dem Weg zu gehen, sondern ihn zu UMGEHEN. Und statt dessen das Leben zu genießen!

54

Verabschieden wir uns vom Streit. Das Spiel sollte hier auch nur als Beispiel dienen, weil es eben auf „ERDE – westliche Gesellschaft" so gut wie jedem bekannt ist.

Als letzte Anmerkung sei vielleicht noch hinzugefügt, dass man Mitspieler leichter als gewollt mit in dieses Spiel hineinzieht. Wenn Kinder erwachsene beim Streit beobachten, downloaden sie die Spielregeln. Ab dem Moment, wo sie anfangen das entsprechende Verhalten zu kopieren, steht ihr Status auf AKTIV. Wer das seinen Kindern nicht antun möchte, sollte noch mal kurz darüber nachdenken.

Doch das was im Beispiel beschrieben wurde, lässt sich in allen anderen Spielen auch machen. Und weil es einfach viel schöner ist, kommen wir jetzt zu ein paar anderen Spielen, die Dir Dein Leben und das derer um Dich herum sehr deutlich verändern können. Diese Spiele machen Dein Leben explizit lebenswerter, interessanter, lustiger und erfüllter.

Für alle gilt:

SINGLE-Player Modus: AUS!

TEAM-Player Modus: AN!

Was SINGLE-Player von TEAM-Playern unterscheidet, ist eine völlig andere Grundwahrnehmung ihrer Umwelt:

Single-Player sind ALLEIN, spielen für SICH, haben GEGNER, können nur ihr eigenes Potential nutzen, spielen Spiele, die auf Kosten Anderer gehen, saugen Energie von Mitspielern und sind meist keine angenehmen Zeitgenossen. Sie empfinden sich als „ICH", meist gegen den Rest der Welt, und denken hierarchisch.

Team-Player sind in konstruktiver Gesellschaft, geschützt, sozial gesund und spielen ihr Spiel, OHNE andere damit zu belasten. Sie achten (auf)einander und empfinden sich als einen Teil von WIR. Sie sind voller Energie, können andere daran Teil haben lassen, und denken anarchisch, also auf Augenhöhe.

In einem Team ist JEDER Profi. Jeder hat seine ganz eigenen Fähigkeiten und weiß sie zu nutzen. In vielen digitalen Spielen ist es nötig, nicht nur mit einer Spielfigur durch die Geschichte zu laufen, sondern gleich mehreren. Und man wählt immer die, die das kann oder hat, was gerade gebraucht ist. In vielen Firmen ist das auch so. Jeder hat sein Handwerk gelernt, und wer weiß, WAS er machen soll, entscheidet dann, WIE er es macht. Und lernt dabei immer weiter dazu. Zumindest unter Team-Playern. Es gibt auch Firmen, da läuft alles ganz anders, und am Ende alles den Bach runter. Weil sie aus versehen einen ganzen Laden voller Single-Player eingestellt haben.

DU bist ebenso ein PROFI! Das hast Du unter Umständen bisher nur nie gesehen, weil du von anderen keine Anerkennung dafür bekommen hast. Die Zeit scheint gekommen, diese Sichtweise nachhaltig zu ändern.

Ist Dir bewusst, dass NUR DU Dich so siehst wie Du es tust? Und dass Du Dich NUR so sehen kannst, Wie du es jeweils gerade TUST?
Egal, was Du von Dir denkst zu sein, BIST du nicht wirklich. Du DEFINIERST Dich nur so. Und wie Du das machst, kannst Dun in den Einstellungen Deiner Charaktere/Egos/Avatare sehen.

DU bist erstmal einfach DU. Unendliches Bewusstsein mit der Möglichkeit, Dich Durch Egos Selbst zu erleben. Viele Egos. Unendlich viele. Du bist das selbe Universelle Bewusstsein, das jeder andere von uns auch ist. Dieses Bewusstsein hat viele Namen. Es wird „Gott", „Jahweh" wie „Allah", genannt, „Schöpferkraft", „Leben", „Liebe", „das All-Eine", „Universum", „Tao", „Chi", „Prana", „Orgon", und so weiter... Es sind alles NAMEN für das was uns alle EINT, das uns alle mit einbezieht, dem sich niemand entziehen kann. Es nimmt in der Materie Form an, durchläuft diese Form, verlässt sie und nimmt eine neue Form an. Und in dem sich jede Form von Individualität entfalten kann.

Als dieses Unendliche Bewusstsein verfügst Du über Die Möglichkeit, WAHZUNEHMEN, aber auch, WAHRZUGEBEN. Und als dieses Unendliche Bewusstsein TUST Du das, Tag ein, Tag aus. JEDEN EINZELNEN MOMENT. Unaufhörlich. DU kannst es nicht NICHT tun. Versuche es. Glaube nichts. Glaube alles. Aber urteile nicht, bevor Du ALLES gesehen hast, was man nur glauben kann. Dann SIEHST Du es. Und dann siehst Du die Matrix, die Dir vorgaukelt, dass dieses Steak fantastisch schmeckt, oder dieser Apfel scheußlich. In der du höchste Ekstase erleben kannst, genau so wie zu Erbrechen leiden. Und niemand kann Dir die Entscheidung nehmen, wofür Du Dich interessierst, und was DU als erlebenswert empfindest. Freude wie Leid, es gehört ALLES zum Leben dazu, und wer sagen können möchte, er habe ALLES erlebt, wird alles davon erlebt haben WOLLEN. Auch das unangenehme. Es ist nicht schlimm, weil es nicht Real ist, aber die ERINNERUNG, die man danach hat, die ist REAL, greifbar, IM INVENTAR. Auf die kann man bei Bedarf zurückgreifen (und DANN erst hat man auch die Möglichkeit, etwas gelernt zu haben. Indem man etwas Erworbenes dann auch NUTZT. Sonst ist es wertlos).

Um Dich Dir selbst als dieses Unendliche Bewusstsein ein wenig näher zu bringen, kannst Du Dein Unterbewusstsein entsprechend programmieren. Du brauchst Dich allem was Du sehen und erleben willst immer einfach nur zu öffnen. Das klingt im ersten Moment sehr schwer, wenn man nicht weiß, wie man es machen soll. Aber um das zu lernen liest Du ja dieses Buch.

Fakt ist, Du kannst nicht NICHT mit deinem Unterbewusstsein kommunizieren. Es bekommt mehr mit als Dein selektiv wahrnehmendes Ego, Deine Spielfigur. Und es ist bedingungslos mit Dir verbunden. Schenke ihm einfach Deine Aufmerksamkeit (SO verbindest Du Dich mit ALLEM!), und dann programmiere es bewusst und mit einem Hauch von BESTIMMUNG.

Übung:

*Den folgenden Text kannst Du Dir auch auf Youtube vorlesen lassen, wenn DU Deine Augen dabei schließen möchtest. Dazu brauchst Du einfach **http://bit.ly/rausausderhypnose** aufrufen und laufen zu lassen.*

Ob Du nun liest oder lauschst, fühle Dich dabei einfach tief mit Deinem Unterbewusstsein verbunden. Stell Dir zum Beispiel vor, Du sprichst mit einem Diener, dem Du klare neue Anweisungen gibst. Denn das ist, was Dein Unterbewusstsein für Dich ist: ein DIENER, der Dich seit jeher mit ALLEM bedient, was Dich interessiert. Und ohne diesen Diener kannst Du nichts erleben. Weil auch dieser Diener DU bist. Ihr seid EINS.

Lass Dich also getrost auf ein kleines Selbstgespräch ein, das Du nie wieder beendest:

DREI

Wenn ich bis NULL gezählt habe,
bin ich völlig WACH.
Ich bin bei vollem Bewusstsein,
habe einen klaren Verstand und
weiß wieder genau, wo und wer ich bin.
Ich löse mich jetzt aus der Illusion,
ich sei mein Körper, mein Ego, oder ICH.
Ich lege jetzt alle Identifikationen ab,
über die ich mich bis hier definiert habe.
Ich bin von allem Möglichen
Alles und Nichts.
Ich bin der Beobachter. Und NUR der.
Ich brauche keine Urteile mehr,
keine Autoritäten, keine Lügen.
Keine Gesetze, keine Gerichte,
keine Trennung.
Keinen Namen, keinen Besitz, keinen Ruf.
Durch mich lebt alles und wird alles erlebt.
Auch die Trennung.
Alles davon ist Illusion.
Weil alles davon relativ wahrgenommen wird,
NICHTS darin ist für Alle gleich.

ZWEI

Langsam wird mir klar, dass ich weder

mein Name bin, noch mein Auto, noch mein Haus.

Auch nicht mein Job, mein Fußballverein,

nicht meine Familie und auch nicht mein Land.

Ich BIN - NICHTS von alledem,

egal wie real ich das mal so gesehen habe.

Nein, ich bin NICHT Deutscher, oder Nicht-Deutscher.

Weder Bettler noch Prinz, weder rechts noch links.

Ich bin nicht Christ, nicht Moslem, nicht Buddhist.

Ich bin von alledem alles genauso wie ich es nicht bin.

ICH BIN – klares, Unendliches Bewusstsein.

Frei von den Grenzen des verklärten Verstandes,

der nur denken kann was er denken DARF.

Frei von Urteilen und Rahmenbedingungen.

Frei von Freude und von Leid,

Frei, ALLES davon nach Belieben zu erleben.

Indem ich einfach nur meinem Interesse hinterherlaufe.

Frei von der Illusion, es bräuchte eine Wahrheit.

Ich SEHE die Wahrheit.

ich BIN die Wahrheit.

Und ich erlebe mich in mir SELBST.

So wie jeder andere auch.

EINS

Ich nehme den Raum um mich herum wahr.
nicht mehr den Raum, in dem ich bin,
sondern den Raum, den ich um mich herum projiziere.
Ich bin im INNERN, und nehme das Außen
aus mir selbst heraus wahr. So wie es immer schon war:
Als einen Spiegel meines Selbst.
Ich sehe den Spiegel, der mir immer nur zeigen kann,
was mein Geist zu interpretieren in der Lage ist.
Aber mein Geist wird hier in diesem Moment
zu einem Werkzeug, das genau wie das Ego
bei jedem SO funktioniert wie er programmiert ist.
Ich bin weder das eine noch das andere,
doch ich kann es nutzen und sehe,
wie ich das auch immer schon getan habe.
ICH habe mich alles so sehen und erleben lassen,
wie es dann durch das Ego erlebt wurde.
Aber ich bin nicht dieses Ego.
In diesem Raum, in diesem Moment,
bin ich wieder das, was ICH BIN:
mit ALLEM bedingungslos verbunden,
also Teil des EINEN.
ICH BIN DAS EINE.
Und von hier aus kann ich ALLES in mir beobachten.

NULL

Meine Augen sind weit offen.

Bereit zum Staunen und Lernen

setze ich meinen ersten Schritt,

um diese neue Welt mit

Interesse und Begeisterung

kennen zu lernen.

Es ist MEINE Welt.

Ich konnte nie eine Andere erleben.

Und nur ich kann sie gestalten.

So wie andere mir das sagen,

genau so wie ich es selbst gern hätte.

Und jetzt ...

habe ich nichts Besseres mehr zu tun...

Willkommen in der wirklichen Welt DEINER Realität.

Hier bist Du zuhause, hier bist Du Dein SELBST. Hier gibt s niemand anderen außer Dir, hier bist Du seit Anbeginn Deiner Zeit, hast Dich allein gefühlt oder nicht, verstickt in tiefstem Leiden oder höchster Ekstase. Hier warst Du jeder, der Du je zu sein glaubtest. Hast alles völlig real erlebt. Und doch war es eher wie ein Traum. Und ist es immer noch. Und wird es immer sein. Im JETZT. Doch ab hier **BEWUSST.**

Stell Dir Deine Spiele-Liste vor. Wenn es für Dich leichter ist, schreib sie auf einen Zettel oder in ein Text-Dokument.
Halte diese Spiele-Liste immer auf Abruf, Du wirst sie häufig gebrauchen, aktualisieren, und nutzen, um Dir selbst wie Deinem Umfeld klar zu definieren, WELCHE Spiele Du WIE spielst.

Dann mach einen neuen Eintrag mit dem Namen „Nu Era – Das Spiel". Wenn Du ein Facebook-Konto hast, kannst Du unter **http://bit.ly/nueraspiel** weitere aktive Mitspieler finden und Dich mit ihnen austauschen. Das macht alles wie gesagt wesentlich intensiver, und man lernt viel schneller gemeinsam als alleinsam..

Die Anleitung ist folgende:

Das Spiel

Ein Spielchen von Bauchi

Regelwerk

Einleitung

Was ist das hier? Eigentlich ganz
einfach: Vergleichen wir die Welt mit einem
riesengroßen Spielfeld, laufen wir alle darauf herum
und spielen unser Spiel so gut wie möglich.. Es
fängt an mit unserer Geburt und endet mit
unserem Tod. Alles, was dazwischen passiert, ist

unser Spiel. In jedem unserer Köpfe auf eine ganz eigene Weise wahrgenommen. Wie bewusst jeder einzelne von uns dabei spielt, ist leider sehr unterschiedlich. Und genau **das** ist das Problem. In einer Welt, in der wir von allen Seiten eingelullt werden und gesagt bekommen, was wir denken, sagen oder tun sollen, bleibt wenig Freiraum für freie Entfaltung und ein erfülltes glückliches Leben. Es ist aber nicht nur unser Recht, glücklich zu sein, sondern wir haben unseren Mitmenschen gegenüber auch die Pflicht dazu. Wenn wir nicht glücklich sind, sorgen wir für Frust. Und *glücklich* ist ein Wort wie *schwanger, tot, voll, leer*, etc.. Nichts davon kann man ein bisschen sein. Entweder man ist es, oder man ist es nicht. 99% glücklich ist noch nicht richtig glücklich. Vollmond ist auch erst wenn der Kreis perfekt ist. Das verhilft uns aber zu der gesund(!) egoistischen Einstellung, im Interesse Aller, ein glücklicher Mensch sein zu wollen, den man gern sieht und der nicht gemieden wird, wenn's irgendwie geht.

Ich hab 30 Jahre lang versucht, dieses Spiel nach

den Regeln derer zu spielen, die uns führen und dafür sorgen sollten, dass es uns gut geht. Die haben ihren Job so gut gemacht, dass ich am Ende dieser Odyssee in der Klapse gelandet bin. Was mich dazu gebracht hat, ihnen die Verantwortung für mein persönliches Glück herzlich dankend wieder aus der Hand zu nehmen und anzufangen, mein eigenes Leben zu leben. Frei wie ein Vogel konnte ich dank HartzIV 6 Semester lang auf meinem Sofa dieses Leben studieren. Da ganz Deutschland auf diese Weise mein Stipendium bezahlt hat, sehe ich es als Selbstverständlichkeit, Euch allen Rechenschaft abzulegen und Euch mitzuteilen was ich alles heraus gefunden habe.

Im Rahmen des daraus entstandenen NU Era-Projektes habe ich nun mit einigen um mich herum (danke an jeden der geholfen hat!) dieses Regelwerk erstellt, in dem ich die Regeln bekannt gebe, mit denen ich nun in der Lage bin, mein Spiel so zu spielen, dass ich glücklich und frei leben kann und trotzdem niemand darunter leiden muss.

Ich will keinen überzeugen, das könnt ihr gern

selbst tun. Wer auch immer eine Frage hat, oder Ideen oder Kritik oder sonst was sinniges zu sagen, kann sich gern bei mir melden. Wie ihr mich erreichen könnt, sollte immer auf **www.jesus-urlauber.de** zu erfahren sein...

Ich wünsche viel Spaß beim spielen... Ein Tipp noch: Nehmt nicht alles so ernst! Ab jetzt ist alles nur noch ein Spiel ;)

Liebe Grüße, Euer Bauchi

Nu Era ist ein Projekt, bei dem jeder mitmachen kann. Seine Vielseitigkeit ermöglicht das Spiel, dessen Regelwerk Du gerade liest und bei dem auch jeder mitmachen kann.

Da die Regelauflistung nicht wirklich viel Platz beansprucht, haben wir ein paar nützliche Tipps angehängt, die Dir helfen werden, erfolgreich zu spielen.

Ziel des Spiels ist es, glücklich zu sein. Und zwar nicht erst am Ende, sondern in jedem Moment, in dem Du es spielst. Wichtig ist dabei die Definition von „glücklich sein". Glücklich bist du, wenn du im jeweiligen Moment nichts, aber auch gar nichts ändern würdest, um ihn dir schöner zu machen. Diese Momente darfst Du Dir hellgrün markieren. Die hast du gewonnen. Die Momente, in denen das nicht so ist, markierst Du rot, die sind vorläufig verloren. Es besteht ab einem bestimmten Level (du wirst wissen, wenn Du ihn erreicht hast!) aber die Möglichkeit, ganze Reihen von *vergangenen* roten Momenten dunkelgrün zu markieren, das bedeutet dann so viel wie *„diesem Moment einen Sinn gegeben"*. Diese Momente waren zwar unglückliche, doch wenn man aus ihnen lernen konnte, helfen sie, in der Zukunft weitere hellgrüne Punkte zu sammeln. Womit sie definitiv wieder eine grüne Farbe verdienen, wenn auch nicht die helle.

Für jeden grünen (dunkel oder hell spielt keine Rolle) Moment darfst Du Dir einen grünen Punkt auf Dein Konto schreiben, für jeden roten einen roten Punkt.

Das Spiel ist zu Ende, wenn das Licht ausgeht. Sprich: Dein Ableben. Das ist dann der Moment, in dem Du sehen kannst, wie gut Du über die ganze Dauer gespielt hast. Überwiegen Deine roten Punkte, wohl nicht so. Überwiegen Deine grünen, dann wirst Du gelassen gehen können wie ein Sieger. Das Optimum ist eine grüne Linie glücklicher Momente.

Natürlich kannst Du zu jedweder anderen Zeit auch Deinen Punktestand checken. Sollte Dir nicht gefallen, was Du siehst, ändere einfach Deine Spieltaktik. Die Tipps im Anhang sind dabei ganz hilfreiche Werkzeuge. Je besser Du sie nutzt, desto leichter sammelst Du grüne Punkte mit ihnen. Übung macht den Meister ;)

Wenn Du willst, kannst Du sofort loslegen. Du brauchst nichts weiter als Deinen Kopf. Stell Dir vor, Du fährst ihn hoch wie eine Spielkonsole. Das Spiel lädt, startet, das Logo wird gezeigt und du liest gerade genau das hier. Du nimmst noch mal die Hülle des Spiels in die Hand und studierst die Rückseite:

Einleitung einer völlig neuen Spielgeneration.

Mitten drin, statt nur dabei! Super-WOW-leckmichamarschisdasgeil-Grafik, Dolby Surround LIVE, full emotion- technologie, sniffthis-geruchstechnik, touch-feel-sensor, incl. mitgeliefertem USB- Zungenstück für echtes Geschmackserlebnis!

„Lauf durch eine absolut reale Welt und übernimm die Kontrolle über jede Bewegung! Abermilliarden Mitspieler, unzählige Landschaften, Fahrzeuge, Häuser, und das beste Bami Goreng beim Chinesen um die Ecke! Führe ein Leben, so wie Du es tun würdest."

Achtung: Spiel erfordert den Mut, seine eigenen Entscheidungen zu treffen und nach ihnen zu handeln!" Zeit, die Regel kennen zu lernen:

Regel

Tu alles, was nötig ist, um Deine Momente grün zu markieren. Sprich: Tu alles, was nötig ist, um glücklich zu sein.

Steuerung: Du hast Kontrolle über drei
Funktionen im Spiel:

1. **Deine Gedanken**
2. **Deine Worte**
3. **Deine Taten**

*Alles andere ergibt sich interaktiv und ist niemals zu
100% sicher kontrollierbar.*

Nützliche Tipps

Steuerung und Spielkontrolle

Da Du nur drei Dinge wirklich kontrollieren kannst,
solltest Du aufpassen, dass Du sie unter Kontrolle
behältst. Dabei ist es eigentlich ganz einfach:
Verhalte Dich freundlich! Diesen Gedanken solltest
Du einfach permanent im Hinterkopf behalten, da
er das sammeln grüner Punkte erleichtert.
Freundlich denken bezieht sich auf alles, was uns
begegnet: Menschen, Situationen, Dinge,
Gedanken, Stimmungen, etc.. Das Wort freundlich
entstammt dem Wortstamm „Freund". Denk mal
kurz an Deinen besten Freund oder Deine beste

Freundin. Und denk drüber nach, wie Du von dieser Person behandelt werden möchtest. Wenn Du im Spiel inklusive Dir selbst jeden Mitspieler und alles was Dir begegnet so behandelst wie Du von dieser Person behandelt werden möchtest, wirst Du sehen, dass es grüne Punkte hageln wird. In der Tat ist der Ursprung allen roten Übels unfreundliches Verhalten!

Wenn der Gott-Modus von allen Mitspielern perfekt gespielt werden würde (was nicht schwer sein dürfte, wenn wir Hand in Hand spielen), würde das bedeuten, dass keiner von ihnen mehr einen unfreundlichen Gedanken denkt und somit kein Nährboden für rote Momente mehr da wäre. (zwinker zwinker, klar soweit?)

Als eindringlicher Tipp: Unfreundliche Worte und Taten entspringen unfreundlichen Gedanken. Macht also Sinn, sich direkt dem Ursprung des Übels zu widmen, und darauf zu achten, die Gedanken möglichst kontrolliert zu handhaben. Wenn Du freundlich denkst, wirst Du in dem Moment wohl kaum jemanden anbrüllen oder verprügeln. Es geht leichter, wenn man sich an ein paar Kleinigkeiten hält.

Z.B. ist es rein faktisch nicht richtig, wenn wir jemanden als ein „Arschloch" bezeichnen. Das stimmt nun mal einfach nicht. Fakt ist, dass dieser Jemand ein Mensch ist. Dieser Mensch kann sich allerdings wie ein Arschloch verhalten, indem er in seinem Umfeld nur Scheiße produziert. Es macht Sinn, hinter die Verpackung zu schauen, um den Kern der Dinge, die uns im Spiel begegnen, genauer betrachten zu können. Eine unfreundliche, urteilende Denkweise –„Der Typ ist ein Arschloch!"- wird so zu einer neutralen Beobachtung –„Der Typ verhält sich wie ein Arschloch.."- die Freiraum für das Bewusstsein schafft, dass wir alle nur Menschen sind, die versuchen, möglichst gut freundlich zu denken. Begegnet Dir jemand, der noch nicht so weit ist wie Du, sei ihm ein Vorbild. Derweil könnt ihr gemeinsam grüne Punkte sammeln. Du wahrscheinlich eher als er ;)

Richte keinen Schaden an

Wenn Du durch Dein Tun keinen Schaden anrichtest, wird niemand ein Problem damit haben, was Du tust. Folglich versuche so zu spielen, dass Du keinen Frust verursachst. Wenn Du Frust verursachst, müssen deine Mitspieler ihre Momente rot färben, und das werden sie Dir wahrscheinlich recht schnell heimzahlen wollen, was dich grüne Punkte kosten wird.

Das soll nun nicht bedeuten, dass du nichts machen darfst, wenn irgendjemand ein Problem damit hat. Solange DU nicht in der Absicht handelst, explizit Schaden anzurichten, wirst Du meist in der Lage sein, durch Dein Tun entstandenen Schaden wieder zu beheben. Es gibt Fälle, da wollen Deine Mitspieler nicht anders, als ein Problem mit Dir haben. Wir raten, diese dann zu meiden, weil sie dafür sorgen, dass Du Deine Punkte rot markieren musst. Diese Leute haben wahrscheinlich die Regel noch nicht so gut begriffen. Aber das ist DEREN Spiel, also kümmere Dich einfach nicht weiter um sie, auch wenn sie noch so versuchen, Dir Dein Spiel zu versauen.

Klar soweit? Wenn sich dadurch, wie Du Deine Dinge angehst, niemand daran stößt, dass Du sie tust, kannst Du machen was Du willst. Und solltest tunlichst versuchen, das umzusetzen, denn dann hagelt es grüne Punkte!

Nutze die Dinge die sind (Extrem-IST-Situations-Surfing)

Oft wirst Du im Verlauf des Spiels in Situationen geraten, die Dir unangenehm sind. Bevor Du Dich von einem Geschehen, dem Du nicht ausweichen kannst, besiegen lässt (roter Punkt), widme dich dieser Sache mit voller Konzentration (*siehe „Konzentration und gutes Kung Fu"*) und meistere die Herausforderung. Für jedes Problem gibt es eine Lösung. Brenzlig wird's für Dich nur, solange Du für ein bestimmtes Problem noch keine Lösung gefunden hast. Das Problem hieran: Jeden Moment, den Du der Herausforderung nachgibst, wirst Du

Deinen Moment rot färben müssen. Die Lösung liegt auf der Hand: Beschäftige Dich einfach weiter mit der Lösung statt mit dem Problem. Solltest Du noch nicht alle Informationen zusammen haben, um eine Lösung zu finden, leg das Problem beiseite und beschäftige dich augenblicklich wieder mit etwas, das Dir grüne Punkte bringt. Jeder Augenblick, den Du Dich einem Problem stellst, für das Du noch keine Lösung hast, färbt sich rot!

Alles zu seiner Zeit... Wenn Du z.B. freitags nachmittags eine Hiobsbotschaft geschäftlicher Natur bekommst (z.B. Deine Kündigung), und Du genau weißt: Bis Montag kann ich eh nichts regeln, dann versau Dir nicht das ganze Wochenende. Weiß der Geier, was Montag alles passiert, bis dahin jedenfalls gilt es weiter fleißig grüne Punkte zu sammeln. Wer weiß, ob der Geier überhaupt ne Ahnung hat, wann bei Dir das Licht ausgeht... Grüne Punkte sammelst Du derweil, indem Du dich auf die Möglichkeiten besinnst, die Dir der Moment gibt: schau Dich um: was tut Dir gut, was brauchst Du? Was sieht nach grünen Punkten aus, was nach roten? Halte Dich von Letzteren fern und sammle von den grünen, was Du kriegen kannst! Behalte aber auf dem Schirm, dass da noch das zu lösende Problem ist. Versuche, es mit möglichst wenigen roten Punkten zu lösen. Ein paar rote Punkte lohnen sich mitunter als Investition. Geübte Spieler haben schnell heraus, wie man rote Punkte in dunkelgrüne verwandelt. Wer schnell lernt, kann schnell einen Sinn aus allen Dingen gewinnen. Allen Dingen einen Sinn abgewinnen zu können hat zur folge, dass es grüne Punkte hagelt.

Liebe, Respekt und Toleranz (nützliche Werkzeuge)

Ein paar Werkzeuge haben bei richtiger Anwendung ungeheuren Nutzen und machen Deine Hände größer und schneller, um grüne Punkte zu sammeln. Aber Vorsicht! Falsch angewendet können sie lange blutrote Spuren hinterlassen... Wer den Gott-Modus spielen will, sollte diese Werkzeuge unbedingt nutzen lernen.

Sie sind Voraussetzung für den Eintritt in die nötige **Wahrnehmungsform**. Hier einige Hinweise zur Handhabung:

Liebe:

Ok, nimm Dir dieses Werkzeug mal in die Hand und schau es Dir in seiner reinen Form an. Pure, bedingungslose Liebe. Mit diesem Werkzeug kannst Du Multiversen von Gefühlen bauen, grüne Punkte absahnen bis der Arzt kommt und dafür sorgen, dass Deine Mitspieler grüne Punkte sammeln können (s. *„Gott-Modus"*), oder aber durch schlechte Werkzeugpflege und unbedachte Handhabung wahre Schlachtfelder mit blutroten Punkten zu hinterlassen. Während Du derweil selbst keinen einzigen grünen Punkt sammeln kannst.

Womit haben wir es hier also zu tun? Was ist Liebe und wie geht man damit um? Liebe ist die Fähigkeit, ohne jedwede Bedingung anderen –als auch sich selbst- ihre grünen Punkte zu gönnen, und nach Möglichkeit alles dafür zu tun, dass sie sie bekommen. Das hat den Vorteil, dass die anderen dann im Gegenzug automatisch mit dafür sorgen, dass Du Deine Momente grün markieren kannst (s. „Gott-Modus"). Aber Vorsicht! Die Liebe verdreckt extrem schnell. Sie ist wie ein Magnet für Begierde. Von Begierde solltest Du Dich möglichst fern halten. Begierde begegnet Dir im Spiel fast immer mit viel versprechender grüner Aura, aber im Innern ist sie Blutrot. Sie verspricht Dir grüne Punkte, und wenn Du nicht aufpasst, glaubst Du ihr und folgst ihr, in der Erwartung grüner Momente. Erwartungen haben aber im Spiel einen großen Nachteil: Da Du nie weißt, was die anderen so alles treiben, die Dein Spiel beeinflussen, lass Dich besser nie auf trügerische Erwartungen ein. Zu groß ist die Gefahr roter Punkte, nicht nur für Dich sondern für Dein ganzes Umfeld. Enttäuschung ist blutrot, und die kann man sich ganz einfach schenken. Achte lieber in jedem Moment auf das, was gerade vor Deiner Nase passiert, dadurch bleibt nämlich der **Angstpegel** ruhig. Wenn der Angstpegel ausschlägt, färben sich Deine Momente rot, und da ist nicht viel Spielraum. Der Angstpegel steigt, wenn Du Dich zu sehr mit negativen Gedanken herumschlägst (wofür Du schon rote Punkte sammelst), die mit dem jetzigen Moment noch gar nichts zu tun haben. Wenn Du Dein Werkzeug Liebe ordentlich pflegst, Dich immer darauf besinnst, wofür es gut ist und wie man es handhabt, wirst Du diese Herausforderungen spielend meistern. Es Lohnt sich wirklich, den Umgang mit diesem Werkzeug zu üben und zu trainieren. Kein anderes Werkzeug hat so große Sammelkraft für grüne Momente... Wende es an, indem Du jedem Mitspieler (incl. Dir selbst) nichts als grüne Punkte wünschst. Lässt Du zu, dass die Begierde Deine Liebe beschmutzt, wird diese Dich nämlich genau dabei ablenken. Denk nicht an das, was du gern hättest, denk an grüne Punkte! NUR DIE ZÄHLEN!!!

Respekt:

Dieses Werkzeug erinnert Dich daran, dass Du zwar *Dein* Spiel spielen sollst, aber den anderen eine faire Chance geben solltest, auch Spaß an ihrem Spiel zu haben. Alle Beteiligten haben das gleiche Ziel: Möglichst viele grüne Momente zu sammeln. Die einen machen das mehr, die anderen weniger erfolgreich oder bewusst. Wann immer die Gefahr besteht, dass die Spielweise anderer für rote Punkte auf Deinem Konto sorgt, wende dieses Werkzeug an. Denke Dabei daran, dass andere Spieler um Dich herum eventuell noch nicht ganz so gut geübt in dem Spiel sind, und demzufolge auch noch nicht so gut im grün-Markieren sind. Hilf Ihnen wo Du kannst, besser zu spielen. Spiel ihnen vor, wie man's besser macht. Wenn Du Dich auf Ihr Spiel einlässt, wirst Du rote Punkte ernten. Im Umkehrschluss macht es Sinn, sich anzuhören, was Deine Mitspieler schon an **Informationen** gesammelt haben. Informationen sind wichtig für den **Durchblick** (s. *„Abstand und Durchblick"*). Informationen findest Du im Spiel an jeder Ecke, viele sind falsch und werden Dir aufgedrängt, wieder andere sind kostbar und sehr wertvoll und erfordern Geschick, Weisheit oder sehr viele rote Punkte. Jedoch- jede gesammelte Information kann offen für alle zur Verfügung gestellt werden. Und wer geübt genug ist, mit ihnen umzugehen, und sie sinnvoll und weise zu nutzen, wird selbst die schwersten **Herausforderungen** mühelos bewältigen. Grüner Punkte-Hagel!

Toleranz:

Da jeder Mitspieler ganz individuelle Bedürfnisse hat, ist das Toleranzwerkzeug in vielen Situationen sehr effektiv. Toleranz bewirkt **Handlungsfreiraum**. Wende es an Deinen Mitspielern an, indem Du Sie Ihre Entscheidungen selbst treffen lässt. Im Gegenzug kannst Du dann den gewonnen Handlungsfreiraum selbst in vollem Umfang nutzen.

Geduld (Top-Werkzeug!)

Das beste Werkzeug, das Du Dir aneignen kannst,
ist die Geduld. Geduld ist Gold wert, denn Geduld
beschert nicht nur Unmengen an grünen Punkten,
sondern hilft Dir auch, sicherer im Umgang mit den
anderen Werkzeugen zu werden. Geduld hat keine
zerstörerische Wirkung, kann aber verhindern wie
begünstigen, dass etwas zerstört wird. Im Spiel
kannst Du **Samen** setzen. Die sind braun und
haben immer einen rot-grünen Kern. Überlege Dir
gut, wann und wo Du sie setzt. Sie werden
wachsen. Und zwar entsprechend der Behandlung.
Sie können verkümmern, wenn man sie gar nicht
mehr um sie sorgt. Was nicht schlimm sein muss.
Viele dieser Samen verkümmern. Viel schlimmer
ist, wenn sie wachsen und falsch gepflegt werden,
und dadurch blutrote Natur annehmen. Das
Problem an den Samen ist, dass man nicht
umhinkommt, sie früher oder später zu ernten. An
deiner Pflege liegt es, ob Du rot oder grün erntest.

Pflegst Du sie mit viel Liebe, nimm auch das
Geduldwerkzeug hinzu. Toleranz und Respekt

erweisen sich ebenfalls als sehr nützlich. Alle Werkzeuge zusammen bilden ein **Supertool**, das Du nicht nur auf Samen anwenden kannst. Dieses Supertool ist der Schlüssel zum Gott-Modus. Wenn Du es beherrschst, kannst Du damit in die Wahrnehmungsform „Gott-Modus" eintreten. Du MUSST es beherrschen, um in dieser Wahrnehmungsform zu bleiben! Machst Du einen geringen Bedienungsfehler, fliegst du genau so lange raus, bis Du das Ding wieder im Griff hast. Klar soweit?

Sei egoistisch!

Der Gott-Modus ist nicht nur eine *Option.* Es ist eher ein Meisterschaftsgrad, den zu erreichen den Vorteil bietet, dass man in ihm keine roten Punkte mehr sammeln kann. Diese Wahrnehmungsform wird dir zugänglich, wenn Du gelernt hast, wie man wirklich glücklich ist, sprich Deinen **Glückspegel** hübsch auf 100% hältst, um permanent grün markieren zu können.

Es ist wichtig, sich vor Augen zu halten, dass glückliche Mitspieler, die überwiegend grüne Punkte auf dem Konto haben dafür sorgen, anderen grüne Punkte bescheren können. An die solltest Du Dich halten, bis Du selbst weißt wie es geht, und versuchen, das bei ihnen Erlernte möglichst sinnvoll einzusetzen. Du kannst in jedem glücklichen Moment bereits einer von ihnen sein. Verhalte Dich in diesen Momenten einfach genau wie einer. Wenn Du begriffen hast, wie das geht, kannst Du Dich auch in anderen Momenten so verhalten, was rot meist nur noch leicht aufleuchten und im grün verschwinden lässt. Sich entsprechend verhalten macht also Sinn. Glückliche Menschen sind in diesem Spiel Glücksbereiter und gern gesehene Gesellschaft. Die, die es nicht sind, verbreiten –ungewollt oder nicht- Stress und rote Punkte, und sind von daher auch nicht so beliebt. Deswegen sei im Interesse aller Mitspieler absolut egoistisch, was Deinen Glückspegel angeht. NIEMAND will -bewusst oder nicht- dass dein Glückspegel rote Farbe annimmt, und Du willst das auch nicht von anderen. Rote

Glückspegel bringen rote Punkte! Also halte wenigstens schon mal Deinen im grünen Bereich (der nun mal leider nur auf 100% zu finden ist. 99% ist schon eine rote Anzeige). Es geht in diesem Spiel um nichts anderes als grüne Punkte, vergiss das nie!

Angemerkt sei an dieser Stelle, dass sich Punkte nicht klauen lassen. Kein Spieler kann einem anderen grüne Punkte klauen. Aber man kann sie sich gegenseitig schenken, wobei das schenken eines grünen Punktes zur Folge hat, dass Du Dir dafür wieder einen weiteren anschreiben können wirst... immer hübsch den Glückspegel im Auge behalten! Zufrieden kann man im Rahmen dieses Spiels nur sein, wenn die Anzeige grün leuchtet.

Kontrolle – freundlich denken!

Ein paar Tipps zur Steuerung: In diesem Spiel kannst Du exakt drei Dinge kontrollieren. Diese mit genügend Übung in vollem Maß, aber sonst GAR

NICHTS! Da das Spiel sich interaktiv weiter
entwickelt, und zur Zeit ca. 8 Milliarden –freiwilliger
oder unfreiwilliger weil unwissender- Mitspieler das
Geschehen lenken, minimiert sich das
Kontrollierbare auf das, was letztlich nur noch mit
Dir zu tun hat:

Deine Gedanken

Deine Worte

Deine Taten

Alles andere obliegt Einflüssen andere und ist für
Dich nicht erstrebenswert, kontrolliert zu werden.
Das Risiko, in ein Meer roter Punkte zu fallen, ist
einfach zu groß. Also besinn Dich darauf, was Du
gerade tust, und ob es Deinen Zielen langfristig
gerecht wird. Oder ob Du gewisse Dinge vielleicht
anders besser anpackst. Es ist immer sinnvoll,
FREUNDLICH zu denken. Jedem Mitspieler, jeder
Situation, jedem eigenen Gedanken gegenüber

(auch Dir selbst natürlich). Freundlich denken bedeutet: wie über einen Freund. Wer das freundliche Denken beherrscht, braucht sich um den Glückspegel keine Gedanken mehr zu machen. Allein das freundliche, positive, konstruktive Umgehen mit allem was im Spiel passiert lässt den Pegel ansteigen. Unfreundlicher Umgang lässt ihn nach unten fallen. Die wichtigste Taktik ist also ein freundliches Denken. Wer das beherrscht, steht auf der sicheren Seite. Das Supertool ist ein gutes Werkzeug, diese Taktik umzusetzen.

Konzentration und gutes Kung Fu

Das Spiel findet JETZT statt. Es interessiert nicht, was bis gerade war (alle Informationen, die wir auf dem Weg gesammelt haben, sind gespeichert, für mehr ist das Vergangene nicht mehr gut. Vor allem ist es nur noch eine Erinnerung. Genauso wie die Zukunft nur eine Vorstellung ist. Wenn Du Dich auf das konzentrierst, was gerade passiert, und dem Geschehen Deine 100%ige Aufmerksamkeit schenkst, bleibt kein % Aufmerksamkeit mehr für Dinge übrig, die jetzt gerade NICHT sind. Dingen, denen Du keine Aufmerksamkeit schenkst, berühren Dich nicht weiter, können nicht zu einem Problem werden. Angst und Groll, die immer für rote Punkte sorgen, kannst Du so gekonnt aus Deinem Spiel halten. Die Konzentration auf den jeweiligen Moment bietet Dir allerdings eine weitere Möglichkeit: Aufmerksame Spieler bekommen mit, was um sie herum passiert. Und schaffen es, sich und Ihr Spiel in Einklang mit den Anderen Mitspielern und dem Spiel im Ganzen zu bringen. Je mehr Du im Einklang mit dem Spiel lebst, desto höher steigt Dein **Kung Fu-Level**. Je höher Dein Kung Fu-Level steht, desto leichter wird Dir das ganze Spiel fallen. Du bist besser auf das vorbereitet, was noch kommt, weil Du mit Fakten hantierst, und nicht mit Vermutungen. Fakten kannst Du aber nur finden, wenn Du aufmerksam genug dem Spiel folgst. Folge Deinem. Folge dem Ganzen. Spiel einfach und hab Spaß dabei.

Abstand und Durchblick

Während des Spiels kannst Du aus gutem Grund zwischen zwei verschiedenen Wahrnehmungsformen wählen.

Die *Ego-Shooter-Perspektive* bietet volle Ich-Bezogenheit, die manchmal von Nöten ist.

Diese Wahrnehmungsform empfiehlt sich, um sich z.B. in Gefühle fallen zu lassen. Du nimmst das Spiel aus dir selbst heraus wahr. Nutze diese Wahrnehmung weise, hält man sich zu lang in ihr auf, drückt das den Glückspegel nach unten. Es ist wichtig, die Balance zu halten zwischen den Wahrnehmungsformen.

In der *3rd-Person-Perspektive* nimmst Du Dich als Teil Deiner Umwelt wahr. Du stehst ein wenig über Dir selbst und nicht so ganz im Geschehen. Diese Perspektive verschafft Dir einen gewissen Abstand zu den Dingen. Das trägt z.B. dazu bei, dass Du dich weniger hinreißen lässt, Dinge zu tun, die rote Punkte zur Folge haben. Zu viel Abstand ist aber genauso schädlich wie zu viel „Mittendrin-Sein“. Hör einfach auf Dein Gefühl. Wenn Du Dich mal nicht wohl fühlst und nicht weißt, wie Du deinen Glückspegel wieder grün bekommst, **wechsle mal die Perspektive**... Könnte sein, dass die Lösung für Dein Problem so um einiges schneller zu finden ist.

Die Ego-Shooter-Perspektive ist absolut wichtig, um das eigene Befinden klar zu definieren. Sich darüber im Klaren zu sein, wie es um sich selbst bestellt ist, ist die Voraussetzung, um anderen sagen zu können, was einem fehlt, um grüne Punkte zu sammeln. Hältst Du Dich zu lang in der 3rd-Person-Perspektive auf, besteht die Gefahr, dass keiner weiß was Du brauchst. Natürlich kannst nur DU Deinen Ego- Shooter einsehen. Das ist ziemlich so wie im wirklichen Leben. Keiner kann dem anderen hinter die Stirn gucken. Weil aber alle Mitspieler (haben wir eigentlich schon erwähnt, dass es in diesem Spiel gar keine Gegenspieler gibt?) grüne Punkte sammeln wollen, ist es wichtig, dass möglichst viel über das innere eines Jeden bekannt ist. Nun, und was es über Dich zu wissen gibt, kannst eben nur Du heraus- finden. Lass die Informationen denen zukommen, die sie brauchen um Dir helfen zu können, grüne Punkte zu sammeln. Sprechenden Menschen kann geholfen werden. Die 3rd-Person-Perspektive bietet den Entsprechenden Ausgleich. *Durchblick* bekommst Du, wenn Du gekonnt zwischen den beiden Perspektiven hin und her wechselst. Und der wird Dir helfen, Deinen Glückspegel oben zu halten.

Gott-Modus (Multiplayer, Team-Play)

Yeah! Wir konnten uns nicht verkneifen, diesen Modus ins Spiel zu integrieren. Und ohne ihn wäre das Spiel eigentlich sinnlos. Im Gottmodus kann man nämlich richtig Punkten. Tun wir uns mit anderen zusammen, ist das Risiko groß, dass es rote Punkte hagelt. Dagegen steht die Hoffnung auf grüne Punkte in gleichem Ausmaß. Dabei ist es so einfach, die roten Momente zu vermeiden. Alle die den Gott-Modus erreichen, werden feststellen, dass wir Recht haben.

Wer so weit ist, dass er begriffen hat, dass grüne
Punkte am Leichtesten zu erhaschen sind, wenn
wir dafür sorgen, dass unser Wirken keinen
Schaden verursacht, ist eigentlich schon so
weit. Wer begriffen hat, warum es in diesem Spiel
keine Gegenspieler gibt, kann ihn spielen.

Wer begriffen hat, welchen Wert ein jeder Mitspieler
hat, wird ihn meistern. Wer ihn meistert, der wird
in jedem dieser Momente nicht nur hellgrün
kassieren, sondern hat auch das Paradies-Artwork
freigeschaltet. Und allein das Paradies zu sehen
und wahrzunehmen ist schon wert, dieses Spiel zu
spielen! Da hat sich jemand richtig Mühe gegeben ;)

Angst vor dem Ende

Das größte X im Spiel: Das Ende! Das Ding ist
folgendes: Es ist natürlich unausweichlich.
Trotzdem weißt Du -bis es eintritt- nichts darüber,
und das ist auch gut so. Spiel einfach so lang Du
kannst. Angst ist immer hinderlich. Vor allem weil

Angst eine Reaktion des Körpers auf Gedanken sind, die unser Kopf produziert. Angst ist somit ein reines Hirngespinst. Wer das begriffen hat, und sich von seinen Hirngespinsten nicht weiter hindern lässt, emsig grüne Punkte zu sammeln, dem steht eigentlich sonst kaum noch ein Hindernis im Weg. Da das Ende jederzeit aus dem Blauen heraus kommen könnte, solltest Du Dich also nicht zu sehr von Deinen Ängsten bremsen lassen, sondern in der Zeit versuchen, grün zu verbuchen. Wer weiß, wie viel Zeit Dir bleibt?

Sauberes Umfeld

Um Grüne Momente zu erleben sollte man möglichst sein Umfeld grün halten. Jeder rote Punkt fällt nämlich dann dem ganzen Umfeld sofort auf und kann beseitigt werden. Rot ist Schmutz, den will keiner wirklich haben. Solltest Du jemanden dabei erwischen, das hübsche grüne Umfeld mit rot zu besudeln, mach ihn darauf aufmerksam und hilf ihm, es wieder zu beseitigen.

96

Will sich jemand nicht belehren lassen, wird er recht schnell merken, dass er in diesem Umfeld wohl nicht richtig angesiedelt ist und von allein gehen.

Das Internet

Die größte Erfindung der Menschheit! Warum? Weil es allen anderen Erfindungen gegenüber einen gewaltigen Unterschied hat: Es bringt uns in sekundenschnelle zusammen. Quer über den ganzen Planeten. In Bild und Ton. Eine 1-zu-1-Vernetzung von annähernd 10 Milliarden Menschen.

Nutze es! Wenn Du irgendwelche Schwierigkeiten hast, nutze das Internet. Wir nutzen es auch. Z.B. um dieses Regelwerk hier zu erweitern, verbessern und zu veröffentlichen. Man findet aber auch allerhand andere Hilfe.

Wir wünschen weil Spaß beim Spielen!

LEGENDE

Wahrnehmungsform - Es gibt drei: Ego-Shooter-Perspektive: Sicht aus sich selbst heraus, Kopfperspektive 3rd-Person-Perspektive: Sicht aus der Vogelperspektive Gott-Mode-Perspektive: Paradies-Artwork, Wahrnehmung der Superlative!

Glückspegel – Anzeige von 0-100%. Leuchtet hellgrün auf, wenn die Anzeige auf 100% steht (Grundvoraussetzung für hellgrün zu markierende Momente). Leuchtet rot, wenn unter 100%.

Angstpegel – Der Zeiger des Angstpegelmessers sollte immer in der Mitte stehen. Links von der Mitte steht Angst, rechts davon Übermut. Beides verhindert vor allem, dass der Glückspegel auf 100% steht! Halte den Zeiger immer in der Mitte!

Informationen – liegen überall im Spiel versteckt. Keine ist rot oder Grün behaftet, gut oder schlecht. Was Du aus ihnen machst, wie Du mit ihnen umgehst, ist entscheidend.

Durchblick – Anzeige von 0-100%. Je höher desto besser! Näheres dazu im Kapitel „Abstand und Durchblick".

Herausforderungen – präsentieren sich im Spiel in verschiedensten Verpackungen. Jeder Spieler hat seine eigenen. Jeder Spieler muss seine eigenen Herausforderungen meistern! Keiner kann ihm das abnehmen, aber jede Hilfe ist erlaubt, solange sie keine roten Punkte kostet.

Handlungsfreiraum – Anzeige von 0-100%. Je höher die Anzeige, desto mehr Aktionen stehen zu Verfügung.

Samenkörner – Jeder Spieler hat entsprechend seines Handlungsfreiraumes viele Samen zur Verfügung. Jede Aktion kostet einen Samen. Mehr dazu im Kapitel „Geduld".

Werkzeuge – Alles, was Du im Spiel findest, das Du auf einen Mitspieler oder irgendwelche Dinge anwenden kannst, sind Werkzeuge. Zum Teil sehr gefährlich!

Kung Fu-Pegel - Anzeige von 0-100%. Bei absolutem Einklang zwischen Dir und Deiner Umwelt steht diese Anzeige auf 100%. 0% werden recht ungemütlich.

Viele Menschen können mit dem Begriff OnMind-GAMING nur wenig anfangen, reagieren leicht allergisch darauf, wenn man ihnen begeistert etwas darüber erzählt und begründen das meist mit „ich find Computerspiele doof!" (oder Ähnlichem).
Doch viele unter ihnen nutzen einen Computer, ein Handy oder Tablet, und darauf ihre Programme und Apps. Und auch hier finden wir unheimlich viele Parallelen zum „realen Leben" in der Anwendung dieser Programme.
Und so tun sie auf ihre Weise, was sie dann nach kurzer Zeit schlafwandlerisch können: Diese Programme bedienen. Sei es Word, oder Whatsapp, irgendein Diamanten-Schiebe-Spielchen oder eben der Internetbrowser, über den sich so gut wie alles machen/virtuell erleben lässt.

Gehörst Du zu denen, die mit Computerspielen nicht viel anfangen können, und deswegen keinerlei Erfahrungen damit haben, aber dennoch in irgend einer Weise einen Computer nutzt, kannst Du Dir ebenso wie der geübteste Gamer Deine Gewohnheiten in digitalen Bereichen zunutze machen, indem Du anfängst, Dein Leben auf die selbe weise zu „bedienen"/kontrollieren.

Deswegen folgendes Beispiel:

Facebook

Hat natürlich auch nicht jeder, aber veranschaulicht dennoch einiges:

Facebook nutzt man in der Regel so:
Der Anwender meldet sich an, erstellt ein Profil und entwickelt es nach und nach weiter. In der Regel weiß der Anwender, dass er NICHT sein Facebook-Profil IST, sondern nur eins HAT.
Anders als im Leben, wo man geboren (angemeldet) wird, und seine Persönlichkeit (Profil) erstellt und weiterentwickelt, aber in der Regel dummerweise davon ausgeht, dass man eine Persönlichkeit (Charakter/Ego) IST, statt eine zu haben.

Dennoch identifizieren sich die meisten mit ihrem Facebook-Profil, freuen sich über „Likes" und vergehen in Zorn über hässliche Kommentare. Allerdings kommunizieren die meisten auch genau so, wie sie es im Leben gewohnt sind. Und das hat völlig reale und erlebbare Reaktionen zur Folge. Aber eben auch nur da, wo der Anwender sich mit seinem Profil identifiziert.
Genau so wie im Leben. Fühlt sich wer angesprochen, vor allem „persönlich", kann er sich auch persönlich gelobt oder getadelt fühlen. Die physische und psychische Reaktion auf beides ist genau so real

erlebbar wie durch die Identifikation mit dem Facebook-Profil. Fühlt sich jemand nicht angesprochen, geht der schärfste Angriff wie die größte Liebeserklärung an ihm vorbei!

Ein OnMind-Gamer (oder InnerNet-User) ist sich bewusst, dass er in der virtuellen, völlig real erscheinenden Matrix des Lebens ein Profil/ein (oder mehrere) Ego(s) HAT, die er nicht selbst IST.

Im Facebook kann man bekanntlich schreiben was man will (es sei denn, es ist pornografisch oder gewaltverherrlichend oder schildert Wahrheiten, die das Establishment lieber geheim gehalten sieht).
Am eigenen Facebook-Profil kann man so einiges erkennen:

- Was interessiert mich?
- Was poste ich?
- Wie reagiere ich auf das, was ich lese/sehe?
- Wie gehe ich mit den Menschen in meiner Freundesliste um?
- Was bezwecke ich mit alledem?
- Was bewirke ich mit alledem?

Es lohnt sich mitunter sehr, sich dann einmal die Parallelen zum realen Leben anzuschauen.

Und es lohnt, Programme wie Facebook gezielt zu nutzen.

Es lässt sich prima nutzen, um gezielt DAS zu äußern, was die eigene Persönlichkeit ausstrahlen soll. Dein Facebook-Profil hilft Dir in der Tat, Deine FirstLife-Persönlichkeit zu formen und zu gestalten. Bedenke nur, dass DU beides nicht BIST!
Dann kannst Du über deine Fotos und Posts ein Bild von Dir abgeben. Das natürlich wieder jeder auf seine eigene Weise interpretiert, aber DU bekommst einen klareren Blick für DICH. Deinen Avatar, aber auch den SPIELER, den USER, den ANWENDER.

Was immer du glaubst zu sein, verbirgt sich, über Jahre fein säuberlich und kontinuierlich zusammengetragen, in Deinem FB-Profil, in DEINER nur DIR wirklich verständlichen Sprache und Codierung. Nur DU weißt, was Du Dir bei jedem geposteten Buchstaben gedacht hast.

Mit jedem Wort, das Du denkst, schreibst, oder aussprichst, programmierst Du DEINE Matrix. Aus Deinen Gedanken machst Du allein jedes Deiner Erlebnisse zu dem, was du erlebst. Dein Profil ist ein AUSDRUCK Deiner Denkweise. Und das kannst Du nutzen. Indem Du postest was DU glauben WILLST, und GLAUBST, was Du postest! Denn ob Du es glaubst oder nicht, es Dir BEWUSST ist oder nicht:

**GENAU SO machst Du das in
Deinem Leben seit Deiner Geburt!**

Solltest Du dieses Buch zu einer Zeit lesen, zu der
Facebook an seiner eigenen Habgier erstickt ist, wird
es etwas Neues geben, das Du gleichermaßen nutzen
kannst.

Der springende Punkt ist:
Auf die selbe Weise, auf der Du via FB Deine Matrix
programmierst, tust Du das auch im Leben. So kannst
Du FB gezielt nutzen, für Dich Deinen Avatar SO zu
gestalten, wie Du ihn haben möchtest. Und da für die
meisten wie gesagt kaum ein Unterschied zwischen
FB-Profilen und Persönlichkeiten/"Egos" besteht, ist
FB ein SUPERTOOL im FirstLife zur bewussten
Charaktergestaltung.

Erinnere Dich:
Du spielst eine ROLLE in diesem Leben!
Für viele sogar eine Wesentliche!
Und DU (und NUR Du) kannst diese Rolle spielen,
gestalten, formen, steuern, und... sie ERLEBEN!

Gefällt Dir Deine Rolle?
Dann spiel sie weiter.
Gefällt sie Dir nicht?
Dann spiel eine andere Rolle.
Wenn nicht gleich ein anderes Spiel...

Zum Beispiel **MINECRAFT**!

An Minecraft ist das „Craften" toll. Erst sucht man sich alle nötigen Komponenten zusammen, und dann bastelt man sich etwas Nützliches daraus zusammen.

Craften kann man auch im FirstLife, und zwar genau so wie im Minecraft:
Erst sucht man sich alle nötigen Komponenten zusammen, und dann bastelt man sich etwas Nützliches daraus zusammen.

Das Vielen bekannte
Kontrast-Programm im FirstLife:
Rumgeheule, weil irgendwas gerade nicht da ist.

Man kann im FirstLife und auf der Kopfkonsole natürlich problemlos beide Spiele gleichzeitig spielen. Und so wird Facebook teil von Minecraft, wenn es helfen kann, nötige Komponenten zusammen zu finden. Dabei ist völlig legitim und empfehlenswert, die Freundesliste „sauber" zu halten. Leute, die ständig kontraproduktive Kommentare Beisteuern oder demotivierend wirken, sollte man sich möglichst da raushalten. Im Notfall sogar über den Blockieren-Button. Im FirstLife solltest Du das genau so halten. Ein gutes Beispiel dafür, wie Du Dir für das FirstLife bestimmte

Gewohnheiten aus Deinem digitalen Verhalten abgucken kannst. Beziehungsweise im FirstLife Dinge anwenden kannst, die Du an Deinem Rechner, Handy oder Tablet schon sehr lange in schlafwandlerischer Sicherheit anwendest. Schau selbst. Es wird nicht lange dauern, bist Du selbst Parallelen siehst. Und weißt, was zu tun ist.

Und das ist doch, worauf wir gerade alle hinaus wollen, oder nicht?
Ein wenig mehr Klarheit, ein wenig mehr Gefühl von Kontrolle über das eigene Leben, ein wenig mehr Leichtigkeit, und wieder ein wenig mehr Spaß.
Nun... **Game on**!

Kein Mann ist mein Feind.
Meine EIGENEN HÄNDE
halten mich gefangen!
- U2 -

Kommen wir an dieser Stelle auf die Frage von Seite 8 zurück, nur ohne Konjunktiv:

Was ist, wenn wir in einer virtuellen Welt leben, und das auch völlig OK so ist?

Vielleicht kannst DU mit der Frage inzwischen ein wenig mehr anfangen, Dich damit identifizieren, ein „Spieler" zu sein, mit einem „Monitor", der ihm für sechs ansprechbare Sinne Reize liefert, um ein menschliches Leben zu simulieren. So real, wie Du es Dir nur vorstellen kannst.
In dem Fall solltest Du es etwas leichter haben, das Folgende zu verstehen und in Deinem Leben anzuwenden:

Du hast seit Beginn der Lektüre nichts angeschaltet, das vorher nicht schon gelaufen ist.
Du kannst in diesem Moment aus freien Stücken nicht nur entscheiden, ob Du dieses Buch weiterliest oder nicht, oder – je nach dem, was dein Inventar zu bieten hat, etwas völlig Anderes tust, oder nicht.
Da Du es jetzt kannst, aber nichts angeschaltet hast, muss es schon immer so gewesen sein. Nur eben *unbewusst*. Durch das Lesen des Buches hilfst Du Dir gerade, Dich genau DARAN zu erinnern.
Du bist also dabei, Dich zu erinnern, sonst würde das Buch Dich nicht interessieren.
DU bist also der Jenige, der DEIN Spiel spielt!

... und das war immer schon so!

(noch mal eine Bitte an alle Mädels, sich hier auch mit „der" angesprochen zu fühlen, wir kommunizieren gerade alle als MENSCHEN, und es heisst einfach „der" Mensch, es ist nicht sexistisch gemeint)

Was genau war schon immer so?

DU hast schon IMMER die Wahl getroffen, wie Du auf ein Erlebnis reagierst.
DU bist sogar leichtfüßig in jede Situation hineingelaufen, immer Deinem Interesse hinterher.
Auch wenn die Situation für Dich unangenehm wurde, hätte sie OHNE Deine Anwesenheit nicht stattfinden können.
DU bist da wo Du bist, weil DU irgendwo hingegangen bist, auch wenn man dich hinterher verschleppt hat.
DU hast auf diese Weise sämtliche Deiner Dramen und Komödien selbst erschaffen, und NIEMAND konnte auch nur eine davon auf die selbe Weise wahrnehmen wie Du.
DU hast die Macht über Dein Leben, weil
DU die Macht hast, zu entscheiden was du tust, in Gedanke, Wort und Tat.
Es war immer so. Es wird immer so sein.

MACHT ist in den meisten gängigen Spielchen ein großer Faktor, und eigentlich nur aus einem einzigen Grund: weil niemand einfach mit der Macht über sich SELBST beschäftigt ist, sondern alle die ganze Zeit versuchen, andere zu manipulieren, steuern, kontrollieren. Alle wollen der Chef sein.

MACHT hat der, der entscheidet,
was geMACHT wird. Richtig?
Und nur im Zusammenspiel mit GEHORSAM ist so weit möglich, dass ein Mensch Macht über einen anderen hat. Richtig?
(Glaube NICHTS, prüf das SEBST nach!)

Im FirstLife gibt es deswegen bei genauerer Überlegung keinen sinnigen Grund, sich über andere zu beschweren. Das wird aber oft getan, und das versaut so manchem OnMind-Gamer sein Spiel. Dann hagelts rote Punkte und „das Leben" macht keinen Spaß.
Wer also „das Leben" in einer Form erleben möchte, die ihm selbst Spaß macht die er GERN erlebt, sollte das tunlichst schnell verstehen und aus seinen Spielgewohnheiten löschen.
Es gibt sehr sehr destruktive Spielzüge, die einem das eigene Spiel so richtig versauen. Leider sind diese Spielzüge sehr populär. Selbstzweifel, Verlust- o. Existenzängste, Hass, Zorn, Missgunst, Gier, Schuldzuweisungen, Konkurrenz, Gewalt, Krieg.

Um nur einige davon zu nennen. Spielvarianten, die jeder aus der Westentasche kennt, weil wir sie alle von klein auf trainiert bekommen haben.

Spielzüge, die ALLE nur durch ein ganz besonderes Spiel aufgekommen sind: GEHORSAM!

Ein Nutzer des Innernet - ein OnMind-Gamer - versteht den Sinn dieser Spiele nicht mehr, weil er weiß, dass alle Spieler gleich berechtigt sind. Niemand ist mehr wert als ein anderer, niemandes Spiel ist besser als das eines anderen. Wir SPIELEN. Wie Kinder im Sandkasten, nicht wie Erwachsene, die dabei Haus und Hof verlieren können.
Und ganz SICHER lässt er nicht mehr zu, dass andere ihm einfach so in die Kontrolle pfuschen, egal wie offen oder subtil sie es tun.

Du hast Deinen Fokus, Deinen Cursor, Dein Fadenkreuz. Du nutzt ihn bereits seit jeher in Perfektion, nutze ihn wieder bewusst.
Wie Du das anstellen sollst? BEOBACHTE ihn einfach. Mehr ist nicht nötig. Nu machst wie gesagt alles bereits in schlafwandlerischer Sicherheit. Du musst Dir einfach anschauen, WIE.
Du kannst auch bewusst mit Deinem Fokus herumspielen. Lass ihn einfach ganz kontrolliert durch die Gegend wandern. Irgendwas lenkt Dich ab. Kein Problem, beobachte WAS es ist, und WARUM es

Dich ablenken kann. Nach einer kurzen Weile wirst Du unweigerlich eine Veränderung in Deiner Wahrnehmung feststellen, die sich hier mit Worten einfach nicht beschreiben lässt. Du wirst selbst sehen wie schwer es ist, das dann zu beschreiben. Lass Dir dadurch jedoch die Begeisterung dafür nicht nehmen. Man KANN es eben nicht erklären, vor allem niemandem, der selbst noch keine entsprechenden Erfahrungen bewusst gemacht hat.

„Übernimm auf diese wirklich SIMPLE Weise wieder die Kontrolle über dein Spiel, dein LEBEN." wäre also nicht wirklich das zu sagen Richtige, da niemand anders in Deiner Wahrnehmung wäre, der das könnte. Und auch eben nie war.
„Werde Dir bewusst, WIE Du Dein Leben lebst (Spiel spielst), und wenn Dir nicht gefällt, wie Du spielst, dann spiele einfach anders!" wäre der wesentlich sinnvollere Ratschlag.

Denk immer daran, dass DU Dich auch nur so wahrnehmen kannst, wie DU das gerade tust.
Check Deinen Avatar, pass ihn an. Verändere ihn optisch, lass ihn ein anderes soziales Verhalten an den Tag legen, gib ihm andere Hobbies. Dein Avatar ist Deine Schnittstelle in diese Erlebniswelt, durch ihn erlebst Du sie. Änderst Du ihn, änderst Du Deine komplette Wahrnehmung. Und DAS ist der Trick. Ein schlechter Sklave ist, wer ihn kennt und anwendet.

Beginnst Du damit, wirst Du feststellen, dass Du sehr bald nur noch sehr schwer gegen andere aufzuhetzen bist, immer weniger gern Partei für irgend etwas ergreifst, weil Du verstehst, dass immer BEIDE Seiten ihre Existenzberechtigung haben und sich gegenseitig bedingen.

Es wird immer schwerer, Dich zu provozieren oder irgendwie dazu zu bewegen, Dinge zu tun, die Du gar nicht tun willst.

Dafür fällt es Dir immer leichter, souverän Dein Leben zu kontrollieren. Auf das zuzusteuern, was Du wirklich erleben möchtest, und den unschönen Dingen, die Dir auf dem Weg begegnen, nicht mehr die Gelegenheit zu geben, Dich davon abzubringen.

DAS INNERNET
-Was soll das sein?

Nun die Frage lässt sich anhand der Analogie sehr leicht beantworten, die dem OnMind-Gaming zugrunde liegt.

Vergleichen wir unser Universum mit dem Universum der Computer Welt (und genau darum geht es ja!) als ein ABBILD des Selben, dann ist das INNERNET das, was uns alle entsprechend verbindet wie das Internet jeden angeschlossenen Rechner.

Und mit dem Innernet kann man eben sehr ähnlich verfahren wie mit dem Internet. Es ist ein Austausch-Medium für Informationen aller Art, und ohne es könnten wir nicht kommunizieren oder aus sonst eine Weise interagieren.

So kann man im Innernet „Mails" schicken wie im Internet, und wir tun das auch permanent. Nur leider sehr unbewusst, und eben NICHT wie wir das im Internet gewohnt sind. Da kennen wir es ganz einfach: Man öffnet sein Email-Programm (oder die entsprechende Webmail-Seite im Browser), hat eine Übersicht seiner Mails, einen Button für „neue Mail" und „Mails abrufen". Drücken wir auf „neue Mail", geht ein neues Fenster auf, wir geben die Adresse des Empfängers ein, ggf. einen Betreff, und dann eine Nachricht, sie dann abgesendet wird. Im RealLife kann man das auf ein und die Selbe weise machen, nur NOCH einfacher:

Man öffnet sein Mailprogramm, indem man es sich einfach VORSTELLT, stellt sich weiterhin vor, wie man eine neue Mail erstellt, DENKT an den Adressaten und verbindet sich im Gefühl mit ihm, und ALLES was man dann denkt oder fühlt, landet (oft ungelesen/unbewusst) im Mailfach des Empfängers. Und das nennen wir dann Telepathie und machen ein riesen großes Mysterium daraus. Dabei fällt das nur deswegen kaum auf, weil wir zwar immer sehr viel reden, aber kaum wirklich offen miteinander. In der Welt des Innernet gibt es allerdings keine Geheimnisse, und sie sind da auch nicht nötig, aber wenn man einen Geheimnisfilter auf seinem System laufen hat, bekommt man eben im Ganzen rund 95% von Allem nicht mit, also auch nicht wenn man Mail bekommt.

Ab und an fällt es mal auf, wenn der Mensch, an den man gerade denken musste, im selben Moment anruft oder um die Ecke biegt. Und sehen das in gewohnter aber dummer Weise als „Zufall".

Widmet man diesen „Zufällen" aber mal ein wenig Zeit und Interesse, will man kaum glauben was da alles hinter steckt. Besser gesagt, man KANN es nicht glauben. Aber man kann es kennen lernen. Dafür braucht man sich wie gesagt nur dafür zu interessieren, und der Rest ergibt sich ganz von allein.

Dabei hilft das mit dem „offen Reden". Oft muss man ganz unvermittelt intensiv an jemanden denken, quasi völlig aus dem Kontext gerissen. Ruf diese Person in DIESEM MOMENT mal an, und frag ob sie gerade an dich gedacht hat. Du wirst eventuell nicht IMMER ein „Ja" als Antwort bekommen, aber das Ergebnis im Ganzen dürfte Dich umhauen.

LERNE, DEINER WAHRNEHMUNG ZU TRAUEN!

Das wohl effektivste Werkzeug, mit dem Du Dich so RICHTIG verwirren und unbewusst machen kannst ist, **ständig nach Beweisen oder Bestätigungen anderer zu fragen, bevor Du das was Du erlebst als REAL anerkennst.** Dadurch verweigerst Du Dir selbst den Blick auf etwa 95% von allem. Weil dadurch all das, wofür du das nicht bekommst, NICHT für real hältst. Und dadurch lebst Du tatsächlich in so etwas wie einer Traumblase. Einem Kokon. DEINEM Weltbild, das zwar mit Deiner Wahrnehmung direkt verbunden ist, sie aber nicht IST.
Tatsächlich ist ALLES was du wahrnimmst (nämlich IN Deiner Wahrnehmung) VÖLLIG real! Nur ist selten etwas, was Du wahrnehmen kannst, NUR das, was DU gerade darin siehst. Genau genommen NIE.
Dein Weltbild hingegen passt sich permanent hübsch brav der Auswahl an Filtern an, die du nach Lust und Laune gerade benutzt. Jede Deiner Sichtweisen ist ein solcher Filter. Schau sie Dir gern mal genauer an,

sie sind wie gesagt sehr wesentlich dafür, WIE Du erlebst, WAS du erlebst. Weil DAS ZUSAMMEN dann zu einem Erlebnis wird. DEINEM Erlebnis.
Doch Dein Weltbild ist wie Deine Sichtweisen und Deine Erlebnisse nur ein TEIL Deiner Wahrnehmung.

Hör doch - und das ist nur ein nett gemeinter Vorschlag - mal damit auf, für alles Erklärungen, Beweise oder Bestätigungen haben zu müssen, und schau Dir stattdessen mal an, was in Deinem Kopf so alles passiert.
Und BITTE tu Dir den Gefallen, REAL als etwas Anderes zu sehen als MATERIELL. Deine Träume als solche sind real, oder? Wir können uns drüber unterhalten, Du kannst Dich an sie erinnern, aber sie sind nicht materiell. Liebe ist auch real, aber nicht materiell. Das nur als Beispiel.
Derweil... erlebst Du alles was du träumst völlig real. Vor allem, wenn Du Dir gar nicht bewusst bist, dass Du träumst!
Erinnere Dich. Wir sind überdimensionale Wesen, die die Kopfkonsole nutzen um hier „Leben" zu spielen. Bist Du SICHER, dass Du nicht IMMER viel mehr träumst, als „real lebst"?

Du erlebst wesentlich klarer und mehr,
wenn Du aufhörst, für ALLES eine Erklärung zu brauchen.

Matrixprogrammierung

Wir sprachen schon darüber, dass sich jeder seine Realität selbst gestaltet, und das sollte bis hier auch im Grunde verstanden worden sein.
In diesem Abschnitt soll es noch einmal darum gehen, WIE genau wir das machen.
Und auch hier bietet die Analogie zu den Computern eine wunderbare Gelegenheit, das zu verdeutlichen.

Eine strenge, aber gute Mathematik- und Informatiklehrerin namens Frau Dr. Fuchs pflegte zu sagen:
„Ein Computer macht NIE was er will, sondern immer nur das, was man ihm sagt. Tut er nicht, was DU *willst, überprüfe deine Befehle!"*
Danach nahm man sich beim Programmieren den eigenen Code vor, statt den Computer zu verfluchen, wenn etwas nicht lief wie gewünscht.

Mit der „Matrix", in der wir leben, verhält es sich nicht anders. Das Wort Matrix ist hier im Übrigen gewählt, weil die meisten Leser die Matrix-Trilogie gesehen haben dürften. Denn bis auf das mit den Maschinen, die sie gebaut haben, ist auch hier der Vergleich unbezahlbar. IN der Matrix haben die Leute völlig vergessen, dass ihre Welt bei Weitem nicht so real ist wie SIE sie wahrnehmen.

Gehen wir davon aus, dass hinter der Matrix, in der WIR leben keine Maschinen, sondern Seelen stecken, die in Wahrheit WIR SELBST sind, alle miteinander verbunden und in permanenter Interaktion. Gehen wir weiter davon aus, dass diese Erlebniswelt aus Guten Gründen so real wie nur möglich erscheint, sie aber dennoch eine „Scheinwelt" ist, die sich JEDEM beteiligten Mitspieler auf die auf IHN zugeschnittene Weise präsentiert, und zwar gemäß seiner völlig individuell zusammen gestellten Sammlung von Sichtweisen. Dabei findet ein Teil des Erlebten materiell statt, andere Teile nicht. Materiell bedeutet in diesem Kontext so viel wie „für alle Beteiligten wahrnehmbar", alles andere wird als Phantasie, Tagträumerei, Spinnerei o. Ä. degradiert. Was es aber eben nicht weniger real existent macht.

Wie programmieren wir diese Matrix?

Wir tun es tagtäglich in schlafwandlerischer Sicherheit: Durch unsere GEDANKEN, WORTE und TATEN. Das wusste der alte Perser Zarathustra schon, und verewigte diese drei Worte in seinem Siegel. Es ist so einfach:

Wir nehmen eine Sichtweise an. Meist völlig unbewusst, und als der SPIELER, der wir sind. Auf Seelenebene.

Die entsprechenden Gedanken kommen auf. Uns gefallen die Gedanken, die die gewählte Sichtweise untermauern, und alle Gegenargumente werden immer unbeliebter.

Wir reden mit Anderen über diese Gedanken. Und sortieren unser Umfeld aus. Die, die mit unseren Sichtweisen und Gedanken sympathisieren, sehen wir als „Gleichgesinnte", und die anderen im Extrem als Feind. Durch das aussprechen der Gedanken als Worte werden sie für andere wahrnehmbar.

Wir setzten mit den Gelichgesinnten Gedanken und Worte in Taten um. Ideen werden zu Skizzen, Plänen, Prototypen, Serie. Das ist der Weg jeder Erfindung. Für die Gleichgesinnten existiert alles andere gar nicht mehr als ihre Sichtweise, und zusammen haben sie eine Idee für alle real wahrnehmbar werden lassen. Und deswegen wird sie allgemein als REAL angesehen. Obwohl sie beim ersten Aufkeimen in irgendeinem Kopf eben schon genau so real war.

JEDES unserer Worte haut die magische Zauberkraft eines Spruches von Dumbledore. Jeder von uns ist ein kleiner Harry Potter. Unsere Zeigefinger sind wie Zauberstäbe. Wir richten sie auf etwas und sprechen unser fest überzeugtes Urteil, und je fester wir überzeugt sind, desto realer erscheint uns das etwas als genau DAS, zu dem WIR es gerade selbst gemacht haben. Was eben keinesfalls bedeutet, dass es für irgendwen Anderen auch nur ansatzweise das Selbe wäre. Davon gehen wir wie im Tunnelblick einfach aus. Wer was nicht zum Konzept passendes von sich gibt, wird missachtet und verteufelt. Weil JEDES Gegenargument, das wir zulassen, unsere Realität vom Sockel hauen könnte.

Kommen wir zurück zu Frau Dr. Fuchs. Und ändern ihre Lehre nur ein kleines bisschen:

„Die Matrix macht NIE was sie will, sondern immer nur das, was man ihr sagt. Tut sie nicht, was DU willst, überprüfe deine Sichtweisen!"

Sehr oft ist es nämlich so, dass wir uns mit unseren eigenen Sichtweisen im Bezug auf unsere Ziele sehr im Weg stehen. Genau genommen ist das IMMER so!

Wenn wir z.B. etwas Schönes erleben wollen, ist es nicht sehr dienlich, alles unschön zu DEUTEN (mit unseren Zeigefingerchen und Urteilen).
Wenn wir eine friedvolle Welt erleben möchten, ist es DUMM, in irgendwem einen Feind zu sehen. Dumm im sinn von kontraproduktiv.
Wenn wir uns gut fühlen wollen, ist es nicht ratsam zu denken, wir seien schlecht.
Wer ständig unzufrieden mit allem ist, braucht sich nicht wundern, dass er keine innere Ruhe findet.
WIR machen das. ALLE. SELBST. Niemand anders!

Und um Eines noch einmal ganz deutlich zu machen:

Dass du glaubst, nur das glauben zu können was Du siehst, ist ein VIRUS in der Matrix. Vor langer Zeit los gelassen und seitdem hat er sich bis in fast jeden Kopf gewunden. Ein so genanntes MEM, etwas, das aussieht wie ein Fakt, aber eben keiner ist (genau genommen sind innerhalb der Matrix ALLE Fakten MEMe. Wenn Du mehr zu dem Thema wissen möchtest, dann schau dir bei Youtube den Vortrag „Vera. F. Birkenbihl – Viren des Geistes" an. Das wird dir nochmal sehr viel verdeutlichen.

Wenn Du genau hinschaust, wirst du unweigerlich feststellen, dass das genaue Gegenteil sich als wesentlich wahrer erweist:

Du kannst NUR sehen was du GLAUBST.

Was DU nicht glauben kannst, wirst Du nämlich NIE als das sehen können, was es wirklich IST. Und ALLES bietet IMMER mindestens zwei Seiten, von denen man es betrachten kann.

Das was DU GLAUBST, wird für DICH SICHTBAR.

Das, dem DU durch Deinen Glauben die Möglichkeit zur Existenz bietest, wird für DICH real.

Und Du wirst nie etwas erleben können, dessen Existenz Du bezweifelst oder abstreitest.
Dazu brauchst Du jemanden, dessen Glaube stärker ist als Deine Zweifel, und Dich überzeugen kann.

Es setzt sich IMMER der stärkste Glaube, die stärkste Überzeugung durch. Was nicht bedeutet, dass das für alle Beteiligten GUT wäre. Unter vielem davon leiden Viele. Aber gerade der Glaube, zu den Guten zu gehören, ist einer, der sich SEHR durchgesetzt hat. Und es ist ein Glaube, eine Überzeugung, eine festgesetzte SICHTWEISE, und definitiv einer, den Jeder für sich mal genauer unter die Lupe nehmen sollte. Er macht das Leben nicht unbedingt leichter oder schöner.

Bruce Lipton und Gregg Braden haben tolle Vorträge zum Thema auf Youtube hochgeladen. Auch die sind wärmstens zu empfehlen.
Im deutschsprachigen Raum ist Bruno Würtenberger wärmstens zu empfehlen, ein eigenartiger Kautz mit gigantisch guten Denkanstößen. Spar Dir ein Urteil über ihn, nutze seine Inspirationen.

Angelehnt an Bruce Lipton:
„Wenn Du deinen Matrix-Code LESEN möchtest, dann schau dir DEINE Überzeugungen an. Alles was Du denkst, sagst uns tust ist ein AUSDRUCK deiner Überzeugungen!"

Wenn du als Kind schon immer gehört hast, dass Du eine Niete bist, und das auch noch geglaubt hast, kann es sein, dass du das IMMER noch glaubst, weil nie jemand vorbeikam, um Dir zu sagen, dass das nur so ist, weil DU das so siehst. Dass es andere Sichtweisen gibt, aus denen heraus Du Dich wahrnehmen könntest. Aber darüber vielleicht noch nie nachgedacht hast.

Du hast wahrscheinlich schon sehr oft einfach den falschen Leuten geglaubt. Du findest leicht heraus, WO und WEM, wenn Du Dir anschaust, unter welchen Deiner eigenen Sichtweisen Du leidest. Welche Dir unmöglich machen, Dich mit Dir und allem in Deiner Wahrnehmung wohlzufühlen. Wo du gespalten bist, mit Gegnern, Schuld oder anderem Blödsinn zu tun hast.

Es ist nicht schlimm den Falschen geglaubt zu haben. Wir haben diese Lüge alle zusammen gelebt.

Manchmal warst vielleicht sogar Du der, der für jemand anderen der Falsche war. Dabei hast Du ihm nur einen Guten Rat gegeben. Den er aber nur auf seine Weise aufnehmen konnte.

Du brauchst Dich also gerade nicht schlecht wegen irgend etwas zu fühlen, das dir beim Beobachten dieser Dinge begegnet. Wenn Du es tust, beobachte einfach, WARUM es so ist. Die die Zusammenhänge, bevor Du anfängst Dich aufzuregen oder schlecht zu fühlen. Oder zumindest bevor du anfängst, Dich mit diesen Gefühlen oder Gedanken zu identifizieren. Sie sind Teil eines Films, DEINES Films sogar, aber dieser Film bist nicht DU. Fühle Dich im sicheren Abstand eines Kino-Besuchers zur Leinwand, und wisse dass alles darauf Erscheinende nicht so real ist wie es erscheint.

Dein Leben dürfte ruhiger werden, allerdings nicht weniger abenteuerlich. DU wirst ruhiger, besonnener, spielst DEIN Spiel immer sicherer, und so wachsen auch Deine Herausforderungen. So wie Du das in jedem Computerspiel auch gernhast. Wäre ja auch doof, wenn Deine Skills sich erweitern ohne dass die Herausforderung steigt. Zumal sich ja die Skills eben DURCH die Herausforderung entwickeln. Eines wird aus dieser Perspektive deutlich überflüssig: Angst. Sie schwindet einfach immer mehr einer klaren, gefestigten Sicht auf die Dinge, und die Prozesse hinter ihnen. Nichts ist mehr, wie es einmal war, und nichts wird bleiben wie es ist.

Du bist MITTEN DRIN!

Dein Spiel.
Viel Spaß dabei...

Übrigens...

... ist dieses Buch AUCH ein „Virus".
So wie jedes andere Werk, dass Gedanken von einem Kopf in viele andere kopieren kann. Je weiter es sich verbreitet, je mehr es gelesen wird, desto größer die Gruppe der potentiellen Gleichgesinnten.
Gleichgesinnte bilden wie beschrieben eine so genannte „Kollektiv-Wahrnehmung", einen Raum in der Matrix, in dem alles durch eine Brille gesehen und danach ge- und erlebt wird. Materiell. Für alle Beteiligten wahrnehmbar.

So wie Du Dich vielleicht in Facebook oder im FirstLife in Gruppen wohl fühlst, die Deine Interessen teilen, und ihr zusammen mitunter schon angeblich Unmögliches möglich gemacht habt, kannst Du ab hier und jetzt ganz bewusst Deine eigenen Wahrnehmungsräume, Realitäten steuern.
Sprich über Deine Gedanken, finde Gleichgesinnte, spielt Euer Spiel. BEWUSST gemeinsam, mit der Erkenntnis, dass jede Form von Gegeneinander nur eine Einbildung ist, die nur wahrgenommen werden kann, wenn ein Spieler einen Gegner definiert. Tut er das NICHT, spielt er automatisch MIT den „Anderen".

Lass Dich dabei nicht von denen abhalten, die etwas anderes Spielen wollen. JEDER SPIEL SEIT JEHER SEIN EIGENES SPIEL!! Tu genau das ab hier und jetzt

einfach ganz bewusst, SPRICH ES AUS, TEILE diese Möglichkeit mit anderen. Erwarte nicht von ihnen, dass sie sie mit Dir teilen wollen, aber erhalte Dein Angebot aufrecht. Wer weiß, wann DIE sich anders entscheiden und es doch herzlich gern annehmen.
Lass alle anderen IHR Spiel spielen, und spiele Du DEINES! Sei wer Du sein WILLST.
Erlaube Dir, DAS auszusprechen, was Du WIRKLICH denkst. Spiel dein Spiel deutlich und konsequent (dabei kannst du die jeweiligen Spielchen im Spiel nach belieben ändern – wie gesagt - anders als auf herkömmlichen Konsolen, kannst Du auf der Kopfkonsole unendlich viele Spiele GLEICHZEITIG spielen. Und – wie gesagt – tut das auch jeder, mal mehr, mal weniger bewusst.)
Erlaube allen Mitspielern, es Dir gleich zu tun. Störe Dich nicht an ihrem Spiel, sondern schau, wer gerade kompatibel Spielt. Kein Gamer ist ernsthaft sauer auf einen Freund, weil er gerade ein anderes Spiel zockt als er.
Sieht man das Leben als Spiel, braucht man auf niemanden mehr sauer zu sein. Höchstens – doch bestenfalls nicht einmal mehr – sich selbst.

Howta Rhine!

Nachwort

Wie durch „Zufall" ergibt sich, dass ich heute im Wohnzimmer desselben Freundes sitze, in dessen Wohnzimmer ich vor auf zwei Wochen genau acht Jahren ein Aha-Erlebnis hatte, das mein Leben nachhaltig verändern sollte. Ein Wohnzimmer, das bis gestern so noch überhaupt nicht existierte. Weil wir die Wand erst vorgestern eingezogen haben und das Bild, das unsere Matrix uns zeigt, dahingehend verändert hat, dass wir einen zusätzlichen, großen Wohnraum geschaffen haben, in dem ich nun hier auf einem bequemen Sofa vor einem mollig heißen Ofen sitze. Der vorgestern auch noch nicht da stand. Ganz beiläufig haben wir die Matrix manipuliert, indem wir das taten was wir so taten: umbauen und renovieren. Völlig alltägliche Dinge also.
Bei ebenso alltäglichen Dingen ertappte ich mich vor acht Jahren bei eben diesem Freund, auf dessen Sofa ich gerade dieses Buch zu Ende schreibe, in dem es um nichts anderes als die Auswirkungen dieses Erlebnisses geht.
Wir saßen im Winter zwischen den Feiertagen mit seinen Jungs zu Fünft bei ihm, vier vernetze x-Boxen mit Riesen-Monitoren, und eine Geräuschkulisse wie in Basra zu Bomben-Zeiten. Und ich saß mit meinem Netbook dazwischen und „spielte mein Spiel" – so drückte ich es damals erstmals bewusst aus – im FirstLife: „Weltfriedensinstallation".

Wie alle um mich herum tat ich gewissenmaßen nichts anders als im richtigen Moment den richtigen Knopf zu drücken – just wie in diesem Moment, in dem ich diese Zeilen schreibe, und das möglichst fehlerfrei. Ich sah bei allen fünf die selbe Konzentration ins Gesicht geschrieben, fünf Augenpaare starr auf ihr Fadenkreuz gerichtet und dann sah ich die Analogie:

Wie wir FÜNF vernetzt da saßen wie Sims in einem Spiel, jeder beschäftigt mit seinem Ding, jeder geleitet von sich selbst, unablässig seinem Interesse folgend, miteinander kommunizierend und interagierend, und das auf mehreren Leveln gleichzeitig.

So begann ich, bewusst mein Leben zu „zocken", und definierte den Begriff OnMind-Gaming. Sehr verwirrend für viele Nicht-Gamer, die sich damit nur sehr schwer identifizieren können und so keinen Zugang dazu finden. Doch bei der Menge an Gamern, die gerade im Kollektiv-Wahrnehmungs-Raum „Erde" (die übrigens genau so flach wie rund und genau so massiv wie hohl ist – eben je nach Sichtweise) zu finden sind, glaube ich fest daran, dass es genügend andere Menschen gibt, die es in ihren Worten nochmal ganz anders ausdrücken und ihnen zeigen können.

Schnell kam ich aus dem Spielmodus gar nicht mehr heraus. Einmal drin, immer drin... bis man sich eben von etwas Anderem überzeugt. Bei mir persönlich ist es so, dass ich es auch gar nicht mehr anders will. Vor dem Spiel-Modus war ich nämlich im KAMPF-Modus, und der hat mir einfach nicht gefallen, und ich konnte auch irgendwie nie glauben, dass das alles sein soll, was das Leben zu bieten hat. Ich lag richtig, wie sich herausstellte. Im Kampf-Modus hast Du verloren, wenn Du nicht kämpfst, im Spiel-Modus BRAUCHST Du nicht zu kämpfen. Da TANZT Du mit jedem, der Dir was will.

Und so begann ich, immer mehr darüber zu reden. 2010 hielt ich einen Vortrag auf einem Kongress, und mir fehlten noch die Worte, um es richtig zu verpacken. Je mehr ich darüber sprach, desto besser konnte ich gewisse Dinge erklären.

2011 widmete ich dem Thema ein Kapitel in meinem Buch „?!", meine kürzeste und bis dahin beste Zusammenfassung. Auch in diesem Buch war das NuEra-Spiel als Anhang enthalten, das ich schon 2007 geschrieben hatte, als der Begriff „OnMind-Gaming" noch nicht einmal eine Idee in meinem Kopf war, wohl allerdings die KOPFKONSOLE.

2015 schrieb ich das Buch „2020 – Die Neue Erde" in dem ich das Thema mit in einen Roman verpackte.

(Alle meine Bücher sind übrigen ganz leicht unter dem Link **www.lest2020.de** zu finden, aber auch im ganz normalen Buchhandel erhältlich)

Seither gibt es einige bekennende OnMind-Gamer mehr, und durch den Austausch untereinander konnte ich wieder einiges besser beschreiben.

Und dennoch...
Tu ich mich bis heute entsprechend schwer, etwas zu beschreiben, das vor unser aller Nase liegt, und dabei allgemein verständlich zu bleiben.

Das OnMind-Gaming ist eine ANALOGIE, ein Vergleich, ein MODELL, das gewisse Dinge leichter wieder zu erkennen sehr leicht machen kann. WENN man einen Zugang dazu findet.

Jeder Gamer, der verstanden hat worum es in diesem Buch geht, und was ich meine wenn ich sage: *„Jetzt könnt ihr etwas aus Eurem jahrelangen Training vor den Monitoren machen, das ihr Euch nicht hättet träumen lassen! Ihr müsst lediglich Euren Monitor auf Eure gesamte Wahrnehmung erweitern.“* dürfte sich jetzt freuen, gerade die GEILSTE Konsole of the Universe kostenlos geschenkt und angeschlossen bekommen zu haben. Für alle anderen wird es andere Worte brauchen.

Deswegen lade ich herzlich dazu ein, Euch offen zum Thema auszutauschen. Schreibt eigene Bücher, wenn ihr es anders oder gar besser erklären könnt. Macht es für Dummies verständlich, wenn ihr könnt und Euch dazu berufen fühlt. Macht Blogs oder Let's Plays aus dem FirstLife. Die Medien tun tagtäglich NICHTS Anderes! Nur eben über deren dramatische oder volksverblödenden Themen.

Schreibt Spielanleitungen. LARPer dürften es hier besonders leicht haben. Das Leben als LARP (Live Action Role Play) wahrzunehmen, dürfte NOCH leichter sein, aber die Szene ist nicht so riesig wie die der digitalen Gamer.

In dieser Sache steckt so wahnsinnig viel Spaß und Lebensfreude, dass es schade um jeden wäre, der keine Chance bekommt, es sich wenigstens einmal anzusehen. Und wer weiß, ob das nicht eine Chance für uns alle ist, wieder ein wenig mehr Kontrolle über unsere Leben zu bekommen. Funktionieren tut sie zweifelsfrei. Nur ist eben wie immer die Frage: Was MACHEN wir?

Das bereits erwähnte Buch „2020 – Die Neue Erde" kommt mitunter wie eine Prophezeiung daher. Doch als solche war es nie gemeint. Es ist eher eine Spielanleitung. Eine EINLADUNG zu einem Spiel, das seither nicht wenige Menschen zum umdenken inspiriert hat.
Fühl Dich bitte sehr gern inspiriert, andere solcher Spiele zu entwickeln. Wir haben heute alle Möglichkeiten, um Eigeninitiative zu ergreifen. Wenn Du etwas vom OnMind-Gaming hast, scheue dich nicht, eine Wenig Werbung dafür zu machen, Du wirst schnell sehen, dass Du auf diese Weise schnell MEHR davon hast. Weil mit jedem bewussten Mitspieler ein Teil Deines Lebens unkomplizierter wird. Und seht bitte auch das hier als Spiel. Es gibt keinen signifikanten Unterschied zwischen Gamern und Nicht-Gamern. Wir sind alle gleich viel wert.

OnMind-Gaming ist keine Religion und enthält keine weitern Dogmen, die zu verteidigen die Mühe wert wäre. Es ist ein SPIEL. Es soll SPASS machen!

Spaß durch und mit Spaß zu verbreiten ist eine leichte Sache. Spaß ist ansteckend, und wie bitte soll das Leben Spaß machen, wenn Spaß verboten ist?

Gebt dem Spaß eine Chance.
Vergesst Euren Humor nicht.
Seht dem Ernst des Lebens gelassen ins Auge.

„Bin ich etwa nur eine Figur in einem Spiel?“
Fridolin Schlömpel, *in Sims4 von Gronkh vor Sims sitzend und sich durch Gronkhs Stimme nach anderen Fraktalen des Universums fragend.*